語り継ぎたい
美しい日本人の物語

占部賢志
Urabe Kenshi

致知出版社

はじめに

ある日のことでした。日本史の授業を終えて教室を出ると、後ろから女子生徒が追っかけてきて、だしぬけに「先生、これ読んでいただけませんか」というのです。

目の前に差し出されたのは、彼女が手ずから作成した小冊子で、表紙には「島根、山口の旅~史跡を訪ねて~」と大書されているではありませんか。「へぇー、山陰旅行に行ってきたのかい」と聞くと、明治維新の授業で印象に焼きついた吉田松陰の史跡をぜひ見たかったのだと、殊勝なこたえが返ってきました。

バスケットボール部の中核選手でもある生徒は自分の感動を確かめたくて、両親のみならず祖父母と妹も口説き、連休を利用して家族三世代で松陰が生きた地を訪ね、ついでに津和野まで足を延ばして森鷗外の史跡も訪問したというのです。

手渡された小冊子には史跡ごとのコメントとともに地図や写真が多数貼付されていて、さながら史跡探訪レポートといった体裁でした。

長年教師をしていますと、こうした生徒の反応にしばしば出くわすことがあります。そのたびに思うのです。今の若い世代にも、あの人のように生きてみたいと願う青年本来の欲求は息づいているのだ、と。本書には、このような高校生たちが心を動かされた人物や史実を多く取り上げました。

では、いったい彼らはどんなところに魅せられるのか。それは、先人が示した生き方や心遣いが、一言でいえば「美しい」という点にほかなりません。これは教師としての筆者の確信です。

そもそも「美しさ」というものは、咲き乱れる花々や天にかかる七色の虹、彩り豊かな山川草木だけではありません。人間の心ばえや振舞いの一つ一つにも「美しさ」はあります。しかもこれらの「美しさ」は、私たちの心に感動をもたらし、よこしまな欲望さえも浄化させる、そうした大変強い力をもっているのです。

そういう意味で、じつは道徳教育の根幹は、私たちの心に感動の種をまき、育てていく情操教育として捉える必要があります。人の献身的な行為に接して、そのたとえようもない美しさがみずからの心を染め上げる。そうした経験がいずれ勇気や正義、畏敬の念を育てていく。それが道徳教育の究極の姿であると考えます。

そこで、本書ではわが国の歴史を生きた人々を取り上げ、皆さんがどんなふうに感じられるか、読んでいただきたいのです。読んでいくうちに、もし心惹かれる場面があれば、そこに表れている「生き方」に共感する何かがあなたの中にあるということになります。そして、今まで気づかなかった新たな自分に対面していただけるとしたら、著者として望外の幸せです。

平成二十二年弥生佳日

著者　占部賢志

語り継ぎたい　美しい日本人の物語　目次

はじめに　1

第一話　「愛国」の由来　9
——「白村江の戦」と勇者大伴部博麻

第二話　「稲むらの火」の主人公　27
——大津波から人々を救った濱口梧陵の生涯

第三話　海上に繋がった命のロープ　43
——五百人のロシア人を助けた村人たちの献身

第四話　ドイツ科学界を救った日本人　59
——「内なる規律」に生きた快男児・星一

第五話　遭難トルコ使節団の救出物語　75
――明治から現代へと続く日本とトルコの友情

第六話　台湾の「松下村塾」　91
――教育に人生を捧げた日本人教師の情熱

第七話　富士山頂八十二日間のドラマ　109
――厳冬期気象観測に挑んだ若き夫婦の勇姿

第八話　シベリアの凍土にさまよう孤児を救え　127
――ポーランドの子供を救出した心優しき日本人

第九話　硫黄島決戦に散った武人の歌と心
――何のために貴い命を捧げるのか　145

第十話　樹齢四百五十年の「荘川桜」移植秘話
――戦後復興の歴史に刻まれた奇跡の偉業　163

装　幀――川上成夫
装　画――牛尾　篤
イラスト――竹中俊裕
編集協力――柏木孝之

第一話

「愛国」の由来

——「白村江の戦」と勇者大伴部博麻

友邦百済の救援に向かう

わが国は外国との戦争で二度敗北しました。先の大東亜戦争（太平洋戦争）と、古代における「*白村江《はくそんこう》の戦《たたかい》」です。この白村江の戦の相手は新羅《しらぎ》と唐《とう》の連合軍でした。

当時、朝鮮半島は三か国に分かれていました。北に高句麗《こうくり》、南に新羅と百済《くだら》です。この三国のなかで新羅が半島の統一に乗り出します。そのとき、新羅は外国の唐の力を借りて百済を攻めたてました。

ついに百済が新羅・唐の連合軍の手に落ちたとき、百済の人々の一部はわが国に逃れてきて救援を依頼します。そこで六六一年、時の天皇、斉明《さいめい》天皇は百済救援軍の派遣《はけん》を決定し、

白村江の戦
六六三年、朝鮮半島南西部の白村江でわが国と唐・新羅連合軍との間に行われた海戦。わが国は唐の水軍に敗れた。

多くの兵士がわが国の各地から集められ、*難波《なにわ》から出港することになりました。

ちなみに、このとき、斉明天皇は、皇太子の*中大兄皇子《なかのおおえのおうじ》とともに、みずから乗船されて九州の那津《なのつ》（博多）に向かわれますが、その途中、伊予《いよ》の熟田津《にきたづ》の石湯行宮《いわゆのかりみや》に停泊《ていはく》されました。今の愛媛県松山市です。おそらく*道後温泉で英気を養われたものと思います。

いよいよ熟田津を発《た》つとき、お供の*額田王《ぬかたのおおきみ》が詠《よ》んだと伝えられる和歌が*万葉集に収録されています。教科書でおなじみの一首です。

熟田津に船乗りせむと月待てば
潮もかなひぬ今は漕《こ》ぎ出《い》でな

難波
現在の大阪地方。海上交通の中心として繁栄。
中大兄皇子
六二六〜六七一。中臣鎌足とともに蘇我氏を倒し、大化の改新を実現。のちの天智天皇。母は斉明天皇。
道後温泉
古くから愛媛県松山市にある温泉。
額田王
万葉歌人として名高い。
万葉集
わが国最古の歌集。天皇から一般の庶民に至るまで、数多くの和歌が収録されている。

熱田津から出港するため月が昇るのを待っていると、ちょうどよい潮時となった。さあ、今こそ漕ぎ出そう。そんな意味の歌で、友邦《ゆうほう》の救援に向かう、当時の意気込みが感じられます。

こうして軍船は那津（博多）に到着、斉明天皇は、九州の地に朝倉の仮宮*を設けて指揮をとられることになります。当然九州でも各地から兵士が集められますが、じつはこのときの一人に、のちに大伴部博麻《おおともべのはかま》と呼ばれる若者がいたのです。

この人物を取り上げた史料は、奈良時代の七二〇年に編纂《へんさん》された『日本書紀』*しかありません。このなかにわずかに博麻の消息を見出すことができます。

博麻は上陽咩《かみつやめ》、今の福岡県八女《やめ》市上陽《じょうよう》町の近くで生活して

朝倉の仮宮
斉明天皇の仮宮で、現在の福岡県朝倉市に設けられたと伝えられる。

日本書紀
七二〇年に完成したわが国最初の勅撰の歴史書。

いたといいます。おそらくは、有力豪族の大伴氏*の直轄領《ちょっかつりょう》ではたらく、二十歳ぐらいの農民の一人だったと思われます。

こうした人々が派遣軍の兵士として博多湾に結集し、着々といくさの準備を進めている最中《さいちゅう》、斉明天皇が病《やまい》に倒れ亡くなられます。

事態が切迫《せっぱく》するなか、中大兄皇子が皇太子の立場のままで後を継がれたものの、朝鮮半島西岸の河口にある白村江近くに出陣したわが国の水軍は、唐の水軍との決戦に完敗してしまいます。

大伴氏
古代の豪族で、大和朝廷の軍事を担当した。

大伴部博麻の捨て身の知恵

このとき、捕虜《ほりょ》となったわが国の兵士たちは、唐の都長安に連行されます。その捕虜の一人に博麻が混じっていました。時は六六三年のことです。

じつは、博麻の本領は、この長安での捕虜生活のなかで発揮《はっき》されるのです。まず、ここにその消息を示す『日本書紀』の記事を筆者の現代語訳で引いておきましょう。

（六九〇年）十月二十二日のこと、持統天皇*はかつての兵士の一人で筑後国上陽咩郡の人、大伴部博麻に次のような詔《みことのり》をくだされた。

「斉明天皇の七年、百済救援の白村江の戦で、あなたは唐の捕虜とされた。天智天皇三年のとき、同じく捕虜の身だった土師連富杼《はじのむらじほど》、氷連老《ひのむらじおゆ》、筑紫君薩夜麻《つくしのきみさちやま》、弓削連元宝《ゆげのむらじげんぽう》の子の四人が、日本征服をたくらむ唐の計画を、現地長安で耳にした。

持統天皇
七世紀末の女帝。天武天皇の皇后で、天武天皇崩御後、天皇として即位。

これはたいへんだ、日本に知らせねばと思ったが、衣食もなく到底日本の都まで行くことは叶《かな》わず、憂《うれ》いは募《つの》った。このときだった。あなたは土師連富杼らに向かって、『わしは皆と一緒に祖国に帰りたいとは思うが、衣食もない身で叶わない。ならば、どうか、このわしを奴隷に売り、その金を衣食にあててもらいたい』と語った。

こうして、富杼たち四人は、あなたのおかげで日本に無事帰ることができた。しかし、あなた自身は一人異国にとどまり三十年の歳月を耐え忍び、今、ようやく帰国してくれた。

私（持統天皇）は、あなたが朝廷を尊び、国を思い、身を売ってまで祖国に忠誠を尽くしてくれたことに心から感謝したい」

この記述によれば、博麻の周辺にはほかに四人の日本人捕虜がいたようです。彼ら五人は長安で捕虜としての生活を送っていたのですが、あるとき、聞き捨てならない話を小耳にはさみました。

それは、唐が日本攻撃の準備をしているとの情報でした。わが国は敗北したばかりでしたから、チャンスと見て日本征服を計画したに違いありません。

博麻たち五人は、これはたいへんだ、何とかして祖国に知らせなければと焦《あせ》りますが、捕虜の身ではなす術《すべ》はありません。

万事休すと思われたときでした。博麻が奇想天外な計画を思いつくのです。それは、自分の身を奴隷に売って、それで得た金銭で四人の仲間を脱出させようとするものでした。結果、四人いっしょに帰還《きかん》することは難しかったものの、このプランは成功します。

日本書紀には、一人を除いて、それと思われる帰国者の名前が記録されています。記事から推測《すいそく》して、仲間の四人はおそらく早くて六六四年、遅くとも六七一年ぐらいまでには帰国した模様です。

こうした博麻の着想には驚かざるを得ません。ひとえに、祖国の危機を救おうとする必死の思いから生み出された捨て身の知恵だったといってよいでしょう。

史上初の国防システム

では、こうして伝えられた情報は、わが国にどのような影響をもたらしたのでしょうか。

もちろん、わが国も唐による来襲はあり得るものと考え、危機に備えようとしていたのはいうまでもありません。そこに彼らから最新情報がもち込まれたわけです。

かくて、急ピッチで来襲を防ぐための国防システムが各地に構築されていったのでした。

たとえば六六四年に、最前線の対馬《つしま》、壱岐《いき》、筑紫《つくし》などに初めて防人《*さきもり》を配置し、さらには烽《*とぶひ》を設けています。また外敵が博多湾から上陸した場合を想定して、博多にあった官家《みやけ》などの公的施設を内陸に移転させました。これがのちの大宰府《だざいふ》(現在は太宰府)の基盤となります。

しかし、それだけでは不十分。ほかにも強力な防衛システムが次々と作られていきます。その一つが古代史に名をとど

防人
わが国の国境、とくに九州北辺を守る兵士で、多くは東国から派遣された。

烽
非常事態の際に煙をあげて通報する施設。

める有名な水城《みずき》です。『日本書紀』には「筑紫に大堤《おおづつみ》を築きて水を貯《たくわ》えしむ、名づけて水城という」と書かれています。

水城の土塁《どるい》は南西にほぼ一直線に築かれ、博多湾から上陸する外敵の侵入に備えました。しかし、これを突破されたらどうするか。そのときはただちに避難できるよう、大野城を設けています。

ただ、予想される外敵の侵入は博多湾だけとは限りません。有明海から侵攻してくるケースも考えられます。そこで後方を守るために、基肄《きい》城と呼ばれる山城を築きました。

ちなみに、こうした山城造営の技術は、百済の技術者たちが提供してくれたもので、西日本各地にも構築されています。

さらに、六六七年には都を飛鳥《あすか》から近江大津宮《おうみおおつのみや》に移しています。万一、瀬戸内海を突破され難波から上陸されては危険

水城
六六四年、大宰府の北部に設けられた外敵の侵入を防ぐ堤防。

大野城
六六五年、大宰府近くの大野山に築かれた朝鮮式山城。

基肄城
大野城と同じく朝鮮式山城で、佐賀県基山町から福岡県筑紫野市にかけての基山に設けられた。

と考えての異例の遷都《せんと》でした。

こうして、九州はもとより西日本一帯にわが国初の壮大な安全保障体制が整備されたわけです。

この結果、危機は遠のき、遠征軍が襲来することはありませんでした。結局、唐ともさらには新羅とも戦争をすることはなく、むしろ双方とも和解し、遣唐使*による交流も再開されることになったのです。

奇跡の帰国と「愛国」の詔

ところで、身を売って仲間を脱出させ、異国の地にとどまった博麻はどうなったのでしょうか。

瞬《また》く間《ま》に二十八年の歳月が流れました。もう、誰も博麻の

遣唐使
飛鳥時代から平安時代にかけて、わが国から唐に派遣した使節。

ことなど記憶している者はいなかったに違いありません。ところが、六九〇年、博麻は奇跡的に帰国してきたのです。『日本書紀』には、博麻はわが国と平和を回復した新羅の外交官の船で帰ってきたと書かれています。年齢はすでに五十歳に近かったはずです。

博多に降り立ち、故郷の上陽咩《かみつやめ》に向かう博麻の眼には、祖国のあの山この川がなつかしく胸に迫ったことでしょう。故郷への道を辿《たど》る感激に満ちた博麻の姿が目に見えるようです。

その頃はテレビや新聞などはないものの、口々に伝え聞いた人々は博麻の帰国に驚きと感動を覚えたことと思われます。当時の持統天皇もいたく感激されました。そして、その感激を*勅語《ちょくご》として博麻にたまわったのです。

前述の日本書紀の引用文がそのあかしにほかなりません。

勅語
天皇のお言葉。

この古い史料は漢文で書かれていますが、贈られた言葉の一部を書き下し文にすると、こういう表現になります。

「……朕《ちん》、厥《そ》の朝を尊び国を愛《おも》ひて、己を売りて忠を顕《あらわ》すことを嘉《よろこ》ぶ」

この書き下し文をもとの漢文に直しますと、

「朕嘉厥尊朝愛国売己顕忠」

と表記します。

この傍点を付した箇所に注目してみてください。「愛国」という言葉がわが国の歴史のなかで最初に登場したのは、この博麻をたたえた持統天皇の勅語でした。

本物の歴史は理屈や観念から生まれるものではありません。博麻のごとき想像を絶する人生もあれば、その苦闘のほどをしかと受け止めてくださる持統天皇のような方も、この国には存在するのです。

これから十回にわたって、こうした豊饒《ほうじょう》な歴史に刻まれた日本人の物語を紹介していきます。

【関連年表】

六六〇年　百済が日本に救援依頼
六六一年　斉明天皇、百済救援軍の派遣決定。この年の秋、筑後国から博麻が出征
六六三年　白村江の戦。博麻ら五人の日本兵は捕虜として長安に連行される
六六四年　博麻は身を奴隷として売り、その代価で他の四人を次々と帰国させる。九州北辺に防人を配置し、水城を設ける
六六五年　この年以降、大野城や基肄城など朝鮮式山城を築く
六九〇年　博麻、帰国。持統天皇より勅語を賜る

第二話

「稲むらの火」の主人公

——大津波から人々を救った濱口梧陵の生涯

厚い親交を結んだ梧陵と勝海舟

時は幕末、安政元（一八五四）年末のこと、紀伊半島沖を震源地とする「安政南海地震」が発生。マグニチュードは八・二と推定されていますが、紀伊半島西岸は地震そのものよりも津波による被害が甚大《じんだい》でした。

このとき、紀伊和歌山藩有田郡《ありだぐん》広村では、当地在住の濱口《はまぐち》梧陵《ごりょう》（七代目儀兵衛《ぎへえ》）が住民救援のために死力を尽くして奔走《ほんそう》しました。その崇高《すうこう》な行為は人々の感動を呼び、のちに小泉八雲《やくも》ことラフカディオ・ハーン*が著した『生神様《いきがみさま》』を通じて広く紹介され、また戦前の小学国語読本に「稲《いな》むらの火」と題して、五兵衛《ごへえ》の名で取り上げられています。

ラフカディオ・ハーン
一八五〇～一九〇四。英文学者で小説家。明治二十三年に来日、五高や東京帝国大学などで教え、日本に帰化した。日本の文化を愛し、世界に紹介した。

では、濱口梧陵とはいかなる人物だったのか、その生涯を辿《たど》ってみましょう。

そもそも濱口家は、元禄時代に千葉県の銚子《ちょうし》で醬油《しょうゆ》の醸造業を始め、ヤマサ醬油を興《おこ》した一族です。梧陵は、その分家の長男として、文政三（一八二〇）年に広村に生まれました。天保《てんぽう》二（一八三一）年、本家に跡継ぎがいなかったため、梧陵が十二歳で本家を継ぐことになり、銚子に赴《おもむ》きます。

実際に家督《かとく》を継いだのは三十代半ばのことですが、ヤマサ醬油の後継者となった梧陵は、一方で学問や武芸に対しても人一倍関心をもち、若い頃から修養に励《はげ》みました。

とくに二十歳の頃に出会った、銚子在住のオランダ医学を専門とする医者三宅艮斎《みやけごんさい》から世界情勢などの教えを受け時代を見る眼を養ったことが、その後の梧陵の人生を大きく変えていきます。

ちょうどこの頃、中国ではアヘン戦争*が起き、清国はイギリスに完敗。梧陵は、商売だけに専念していていい時代ではない、国民の一人としてこの国の将来を本気で考えなければならないと痛感《つうかん》するのです。

そこで梧陵は、幕末の思想家として名高い佐久間象山《*さくましょうざん》の門を叩《たた》き、兵学を学びます。さらに勝海舟《*かつかいしゅう》とも親交を結び、以来、四十年に及ぶ交流を続ける間柄となりました。まさに同時代を生きた盟友《めいゆう》だったといっていいでしょう。

嘉永《かえい》四（一八五一）年には、故郷の広村で民間防衛組織「広村崇儀団《すうぎだん》」、並びに青年教育のための私塾「稽古場《けいこじょう》」を創設します。内外の危機に対処するためには人材の育成が大

アヘン戦争
一八四〇年に起きたイギリスと清国との戦争。清国は敗れ、列強による中国半植民地化が始まる。

佐久間象山
一八一一～一八六四。幕末の思想家。海防の必要を説き、開国論を主張。その門から吉田松陰や勝海舟、坂本龍馬らが輩出した。

勝海舟
一八二三～一八九九。幕末・明治期の政治家。旗本の家に生まれ、のち咸臨丸の艦長として太平洋横断に成功。戊

切だと考えたからにほかなりません。

　のちにこの私塾は「耐久社《たいきゅうしゃ》」と名前が改められ、現在は公立の耐久中学校、耐久高等学校として受け継がれています。

史実に見る救出のドラマ

　冒頭の安政南海地震は、梧陵がこうした活動を展開している最中に起きたのです。

「稲むらの火」では、五兵衛の機転で全員が救われたかのような扱いですが、実際は、三十六名の死者を出し、戸数《こすう》三百三十九軒のうち家屋流出百二十五軒、全・半壊家屋五十六軒に及んでいます。

　また、同作品には高台に積み上げられた稲むらに火をつけ

辰戦争では西郷隆盛との会談で江戸無血開城を実現した史実は名高い。

て住民を救ったとありますが、史実とは異なります。実際の救出の顛末《てんまつ》は以下の通りでした。

梧陵は、地震発生と同時にただちに行動を起こします。まず押し寄せて来るであろう津波に備えて、老人や子供、女性を当地の広八幡《*ひろはちまん》神社の境内《けいだい》に避難《ひなん》させました。

さらに盗難や火災などの二次災害を防ぐため、屈強《くっきょう》な男たち三十名ほどを三グループに分けて巡回させ、神社の境内に身を寄せている人々には、お粥《かゆ》を用意して食事を提供しました。こうして一夜を明かした人々は無事を喜び、翌日はいったん自宅に戻ったのです。

ところが、安心したのも束《つか》の間《ま》、午後になって事態は急変します。再び巨大な地震が発生したのです。それは前日の比

広八幡神社
和歌山県有田郡広川町にある神社で、欽明天皇（五〇九〜五七一）の頃に創建されたと伝えられる。

ではありませんでした。梧陵はこう記録しています。

「七ツ時頃（午後四時）に至り大震動あり、其《そ》の激烈《げきれつ》なる事前日の比に非《あら》ず。瓦《かわら》飛び、壁崩《くず》れ、塀《へい》倒れ、塵烟《じんえん》空を蓋《おお》ふ。遙《はるか》に西南の天を望めば黒白《こくびゃく》の妖雲片片《ようウんへんぺん》たるの間、金光《きんこう》を吐《は》き、恰《あたか》も異類《いるい》の者飛行するかと疑はる」

空を見ると、この世のものとは思われない、異様な物体が駆《か》けめぐっているようだったというのです。案の定、恐ろしい津波が襲ってきました。

このときも梧陵は救援の陣頭指揮《じんとうしき》をとります。逃げ遅れた住民を助け、避難させるのですが、みずからも津波に呑《の》まれて流されてしまいました。流されながらも、どうにか丘の上に泳ぎ着いて難を逃《のが》れたといいます。

しばらくして日没を迎えました。多くの人々は前日同様神社の境内に避難していましたが、いまだ行方不明の者もいました。そこで梧陵は闇《やみ》をついて救出活動に立ち向かいます。

このときに、救援部隊十数名を率《ひき》いて道ばたの稲むらに火をつけて行ったのです。漆黒《しっこく》の闇のなかで逃げ遅れた人々を安全な場所へ誘導する目印とするためでした。この稲むらの火のお陰で、実際に九名の命が救われています。

梧陵の即断即決は見事に功《こう》を奏《そう》しましたが、その半生を見れば分かるように、「公」に貢献してきた人生体験があったからこそ、危機に直面して的確な判断を下《くだ》すことができたのだと思われます。

そうとしかいいようがない鮮やかな救出劇でした。

壮大な「広村堤防」の築造

さらに感心させられるのは、津波が去った後に梧陵がとった一連の行動です。

梧陵は心身ともに疲弊《ひへい》した村人千四百名の今後の生活をどうしたらいいかを思案しました。なかには生活の目途《めど》が立たず、村を離れようとする人々も出始めていたのです。

そこで、まず近くの庄屋に懇願《こんがん》して年貢米五十石を借り受け、みずからも玄米二百俵を差し出しました。また私費を投じて漁船や農具を買い与え、家屋修復の支援金まで出したばかりか、五十軒の家屋を新築して村人に提供したといいます。

しかし、ここに二つの難題が浮上《ふじょう》しました。一つは、住民のあいだに津波襲来の可能性の高いこの地ではもう暮らせないと考える者が出てきたこと。二つには被災者への援助が逆に依存心を植えつけ、住民の自立心を弱めることになりはしないかという懸念《けねん》です。

危機管理とは、非常事態さえしのげばいいのではありません。その後にやってくる気力の喪失《そうしつ》、絶望感という新たな危機に立ち向かう必要があるのです。梧陵の念頭《ねんとう》にあったのは、そのことでした。

こうして、この二つの課題の解決策として構想したのが本格的な防波堤の築造《ちくぞう》だったのです。

具体的には、高さ五メートル、根の底面十七メートル、土手の幅三メートル、全長六百五十メートルに及ぶ壮大なもので、かつてない規模でした。また築造する場所にもひと工夫

しています。

江戸期の田地は、上田《じょう》・中田《ちゅう》・下田《げ》・下々田《げげ》の四種類に分かれていて、上田は地味《じみ》豊かな土地のため、ほかに比べ重い年貢を課されるのが常でした。梧陵はこの上田の場所に堤防を築くことで埋《う》めてしまおうと考えたのです。そうすることで、これまで住民を苦しめてきた重税が軽減される。梧陵ならではの知恵といってよいでしょう。

さらに工事に要する資金は、*紀州藩に上申《じょうしん》して私費を投じて賄《まかな》う旨《むね》、申し出ています。藩の支出を待っていたら工事が何時《いつ》になるか分からないからです。

梧陵のねらいはこうです。工事に村人を雇用《こよう》することによって、生活に困っている彼らが収入を得ることができるではないかと。しかも工事には農閑期《のうかんき》をあて、賃金は日当で支

紀州藩
徳川氏の親藩で、尾張、水戸と並ぶ御三家の一つ。

払ったので、たいへん喜ばれたと伝えられています。

安政五（一八五八）年十二月に工事は完成。四年近くのあいだに延《の》べ五万六千七百三十六名の村人が従事し、生活の糧《かて》を得ることができるようになりました。

完成したこの防波堤が効果を発揮したのは、大正十二（一九二三）年に高浪が襲来したときです。波は防波堤の前で押し返されています。また、昭和二十一（一九四六）年の津波の際も若干《じゃっかん》の浸水程度で済《す》んでいます。今も残るこの「広村堤防」は、その偉業を伝える歴史遺産にほかなりません。

その後の梧陵

梧陵は、明治元（一八六八）年に紀州藩の藩政改革に際し、請《こ》われて勘定奉行《かんじょうぶぎょう》に就任しています。家業を子供の幸三郎に譲ったのはこの頃です。

また、その名声は中央にも届き、明治政府から駅逓頭《えきていのかみ》（後の郵政大臣）に抜擢《ばってき》され、近代郵便制度の創設に尽くしました。今日では、わが国郵便制度の創始者は前島密《ひそか》*というのが通説ですが、その基礎は梧陵が作ったのです。

駅逓頭を辞任したのち梧陵は帰郷しましたが、明治十三（一八八〇）年には和歌山県議会初代議長に就任して、地方政治に手腕《しゅわん》を振《ふ》るいます。さらに国会開設の詔《みことのり》*が下ると、木国同友会を組織して立憲政治に備えています。

梧陵の生涯を丹念《たんねん》に追っていきますと、その情熱や生き方は、維新以前も以後もまったくといっていいほど変わらない

前島密
一八三五〜一九一九。越後高田藩の出身で、近代郵便制度の創設に尽くす。明治十四年の政変で下野し、のち貴族院議員となる。

国会開設の詔
明治十四年、自由民権運動の高まりに対して国会開設を約して下された勅諭。

ことに気づかされます。それは、危機の時代にあって常に「公」のために生きるという揺るぎない人生観です。

梧陵が若き日から抱《いだ》いていた海外視察を実現するのは、明治十七（一八八四）年のことでした。横浜から米国に向けて旅立つとき、勝海舟は秘蔵《ひぞう》する*雑賀孫市《さいかまごいち》の槍《やり》の穂先をはなむけに贈ったといいます。

しかし、その翌年、梧陵は腸ガンのためにニューヨークのセント・ビンセント病院で客死します。享年《きょうねん》六十六歳でした。

「稲むらの火」は今日でも我々の胸を打つ名作です。一方、濱口梧陵の実際の人生も、見事としかいいようのないほどの感銘を我々に与えてやみません。

雑賀孫市
十六世紀頃に活躍した雑賀一揆の指導者の一人。

【関連年表】

一八二〇年　濱口梧陵、和歌山県有田郡広村に生まれる。濱口家は銚子で醬油を醸造、ヤマサ醬油の名で知られる

一八三一年　千葉本家の跡継ぎとなる

一八五〇年　佐久間象山の門に出入りする。勝海舟との交流始まる

一八五一年　紀州に帰り、青年子弟教育のため稽古場創設

一八五四年　十一月、広村に津波襲来。全力を挙げて救済に尽くす

一八五五年　救済事業を継続。私財を投じて防波堤工事を計画・推進する

一八六八年　紀州藩の勘定奉行に抜擢される

一八七一年　八月、駅逓頭に就任。十一月帰郷して和歌山県参事となる

一八八〇年　初代の和歌山県議会議長に当選

一八八四年　五月、米国視察のため渡米

一八八五年　四月、米国ニューヨークにて死去

第三話

海上に繋がった命のロープ

——五百人のロシア人を助けた村人たちの献身

日露交渉中に起こった安政東海地震

時は幕末、嘉永《かえい》七（一八五四）年十一月四日（十一月末に安政と改元）の午前八時を回った頃でした。日露和親条約*締結交渉が行われていた伊豆半島下田を安政東海地震が襲いました。推定マグニチュードは八・二、沿岸地域は損害が大きく、下田も例外ではありませんでした。

地震発生時、現地に滞在していた川路聖謨《*かわじとしあきら》ら幕府官僚もまもなく襲来するであろう津波を予測して、裏山の大安寺山に駆《か》け登り、すんでのところで難を逃れています。

当時の記録によると、下田の被害は、全戸数八百五十六戸のうち、全壊流失は八百十三戸、半壊は二十五戸、死者八十

日露和親条約
一八五五年、わが国とロシアとのあいだに結ばれた条約で、日露の国境を定めた。

川路聖謨
一八〇一～一八六八。大分県出身で、江戸幕末期の勘定奉行兼海防掛などの要職を務めた。

五人、その他旅人や近郷《きんごう》の者などを加えると、約六百人近くが溺死《できし》したと伝えられています。

このとき、下田港に停泊中のロシア使節団が乗船するディアナ号も津波の被害に直面しました。この船は、長さ五十三メートル、幅十四メートルの二千トン級木造帆船《はんせん》で、大筒《おおづつ》五十二挺を装備した最新鋭の艦船でした。

ディアナ号が巨大な津波に揉《も》まれて木の葉のように翻弄《ほんろう》される様子は、当事者たちが『フレガート・ディアーナ号航海誌』に生々しく証言しています。

「まるで渦巻のなかに投げ込まれた木片のように、艦は回転し、引き裂かれ、打ち叩《たた》かれた。索具《さくぐ》は音を立てて裂け、舷《げん》側《そく》は切れ、船体は右に左に大きく傾いた」

ディアナ号はかつてない危機に見舞われたのです。

海上に繋がった命のロープ

ロシア使節プチャーチンは船体の修理のため、幕府代表に適切な候補地を探してほしいと願い出ます。要請を受けた幕府は、食糧を供与し、修理についても許可を与え、船体の修理場所については伊豆半島西岸の戸田《へだ》*港に決定します。

しかし、満身創痍《まんしんそうい》のディアナ号は戸田港を目指し出航したものの、途中強風が吹き荒れ、代用の舵《かじ》も折られてしまい、ついには駿河湾北方の宮嶋《みやじま》海岸の沖合あたりまで流されたあげく、航行不能に陥ってしまうのです。

戸田
静岡県田方郡の村で、現在は沼津市と合併。

乗組員は窮余《きゅうよ》の一策としてカッターを海面に下ろし、これに水兵が乗り込み、本艦に結びつけた引き綱をもってディアナ号を海岸に向かって曳航《えいこう》しようと試みますが、逆巻《さかま》く波にあおられなす術《すべ》がありませんでした。

前述の航海日誌には彼らを襲った恐怖感が、「波は絶え間なく次々とカッターを翻弄し、逆巻く激浪《げきろう》が彼らの姿を私たちの視界からさえぎった……。沈没だ！　私たちは恐怖と絶望に駆られて叫んだ」と記録されています。

このときでした。乗組員たちの目に、波浪に呑《の》まれようとするディアナ号を救おうと早朝の海岸一帯に数多くの村人たちが結集している姿が目に飛び込んできたのです。日誌の続きには、こう書き留められています。

「この目が信じられぬほどの出来事だった。私たちの運命を見守るべく、早朝から千人もの日本の男女が押しかけて来たのである。……日本人たちは、私たちがカッターを繰り出した意味をいち早く察して、激浪がカッターを岸へ放り出すに違いないと見てとり、綱に体を結びつけて身構えていた。そして、カッターが岸へ着くやいなやそれを捉え、潮の引く勢いで沖へ奪われぬように、しっかりと支えてくれたのだ」

多くの村人が身を捨てて立ち向かった救援活動によって、海岸とディアナ号とのあいだに命のロープが繫《つな》がったのです。艦それ自体を引き寄せることは無理であっても、この命綱を頼りにボートやいかだを組んで波間を進むことができました。最後に艦を離れたプチャーチンも無事に海岸に辿《たど》り着き、

乗員全員が救助されたのです。

宮嶋村住民の献身的な救助活動

しかし、村人の活動は五百名に及ぶロシア人救出で終わったわけではありませんでした。翌日、艦内の荷物などを大型ランチを使って陸揚げしたため、身軽となったディアナ号はいまだ沈没せずにいたのです。そこでこれを戸田港まで曳航《えいこう》すべく、第二段階の援助が始まりました。

このために駿河、伊豆両国の十五歳から六十歳以下の漁師が結集し、ディアナ号に数本の元綱を結びつけ、さらにそこから多数の枝綱を引いて百艘《そう》近い漁船で曳航するのです。しかし、再び海上が荒れ始めたため、漁船は元綱を切断せざるを得ず、結局、ディアナ号は海の藻屑《もくず》と消えました。

　プチャーチン一行の絶望感がピークに達したのはいうまでもありません。そのうえ、真冬の寒風は間断《かんだん》なく彼らに吹きつけてきました。

　これを見た宮嶋村*の村民は、異国の人々の悲劇にあらん限りの友愛の手を差し伸べるのです。以下、日誌の続きです。


「ある人々は大急ぎで囲いの納屋と日除けを作って、私たちが悪天を避けられるようにしてくれた。また別の人々は上等のござや敷物、毛布も綿入れの着物、それにいろいろな履物をもって来た。米、酒、蜜柑《みかん》、魚、卵を持参した人もあった。何人かの日本人が目の前で上衣を脱ぎ、私たちの仲間のすっかり冷えこんで震えている水兵たちに与えたのは驚くべきこ

宮嶋村
現在の静岡県富士市。

とであった」

異国の海岸に打ち上げられたロシア人たちは、こうした日本人の惻隠《そくいん》の情に接し、どれほど胸を打たれたことでしょう。しかも、これらの住民は自分たちも地震と津波による甚大《じんだい》な被害を受けた被災者だったのですからなおさらです。

一息ついたプチャーチンらは帰国の手段を思案します。結論は代替《だいたい》の船を建造する案でした。申し出を受けた川路らは協議のうえ、許可を与えました。建造の場所として戸田村を指定し、一行は陸路、現地へ移動することとなりました。

当時の戸田村は戸数五百戸、人口は二千五百人ほどの漁村でした。そこに五百人のロシア人が入ってきたのですからたいへんです。村は騒然となりましたが、不幸な異国人のため

惻隠の情
人をあわれみ慈しむ心。

に、いくつかの寺を宿舎として用意、また不足分は長屋四棟を新築して提供したといいます。

代艦建造に結集した棟梁たち

実際の建造にあたる造船世話掛には、戸田村一円から熟練の棟梁《とうりょう》七人が選抜されました。上田寅吉＊、緒明嘉吉《おあけかきち》＊ら七人の名工たちです。

彼らはロシア側が設計した図面を読み解き、通訳を介して不自由な協議を行い、時には身振り手振りで意思疎通をはかりながら準備を進めました。実際に建造が始まる頃には、船大工約四十人、作業員百五十人、さらには近郷から応援の職人なども招集されています。

上田寅吉
幕末明治期の造船技術者。戸田村の生まれ。長崎海軍伝習所に学び、オランダにも留学。のち横須賀海軍工廠工長を務める。

緒明嘉吉
戸田村の船大工。子の菊三郎とともに新艦建造に当たる。その後、菊三郎は民間初の緒明造船所を創設。

しかし工事が進むにしたがい、困難な場面にたびたび出くわします。第一、船の造り方がロシアと日本ではまったく異なっていたのです。わが国では竜骨＊を用いるなど皆無でしたから、まるで勝手が違っていました。

時にはロシア側の要望に応えられないケースもありました。たとえば船首から下ろす碇《いかり》は鎖《くさり》に繋《つな》ぐわけですが、鉄の環《わ》を製造することは当時の技術と戸田の施設では無理でした。そこで、巨木の根を焼いて一種のタールを作り出し、麻縄に塗りつけて代用としたのです。これは練達の職人芸ともいうべきもので、ロシア人を大いに感嘆させました。

彼らは日本職人独特の墨付けの大工道具などにも目を見張ったと伝えられています。鎖国下の日本が外国人から直接アドバイスを受けながら洋式帆船を建造するのは、このとき

竜骨
船底の背骨にあたる材。

が初体験でした。

以上のような悪戦苦闘の末、新艦は十二月二十四日に始まって翌年三月半ばに竣工《しゅんこう》。プチャーチンらはこの船を戸田村の名をとって「ヘダ号」と命名して乗船、無事ロシアへ戻って行ったのです。

離日に際して彼らが遺した感謝の言葉を引いておきましょう。こんな内容でした。

「善良な、まことに善良な、博愛の心にみちた民衆よ！　この善男善女に永遠に幸あれ。末永く暮らし、そして銘記されよ。五百人もの異国の民を救った功績は、まさしく日本人諸氏のものであることを！

あなた方のおかげで唯今《ただいま》生き永らえている私たちは、一八五五年一月四日（ロシア暦）の出来事を肝に銘じて忘れないであろう」

オルガ・プチャーチンの来日

一方、この建造プロジェクトに参画した職人たちのなかから、近代日本の造船業を開拓する先覚者が続々と出現します。安政二（一八五五）年十月に開設された長崎海軍伝習所の第一期生に上田寅吉ら二人が任命されています。その後、寅吉は横須賀造船所創業の工長となり、緒明嘉吉の子息菊三郎は品川に緒明造船所を起こし、ほかのメンバーも大阪難波島に造船所を開くなど、日本造船界の発展に尽くしています。

なお、ロシア側も戸田村の恩義を忘れはしませんでした。

ディアナ号救援並びにヘダ号建造のときからおよそ三十年が経った明治二十（一八八七）年五月、ロシア皇后付名誉女官の伯爵オルガ・プチャーチンが戸田村を訪問しています。

　その目的はほかでもありません、彼女の父プチャーチン（明治十六年没）をはじめとするロシア使節団救出に対する感謝を伝えるためでした。

　オルガ・プチャーチンは明治二十三（一八九〇）年に死去しますが、戸田村に遺産の一部を贈るよう遺言しています。戸田村ではこの浄財を窮民救助費にあてることに決定、友好のあかしとしました。

　国境交渉の舞台裏で、地方に生きる日本人が示した心温まる惻隠の情、その高貴なる心ばえをいかに引き継ぐか、現代を生きる私たちに問われている課題はそこにあります。

【関連年表】

一八五三年　ロシア使節団、長崎に来航。日露交渉始まる

一八五四年　再びロシア使節団、下田に来航。日露交渉中、安政東海地震発生、ロシア艦ディアナ号沈没。戸田で新艦の建造始まる

一八五五年　二月、日露和親条約締結。三月、新艦へダ号竣工。プチャーチンらロシア使節団無事帰国。十一月、長崎海軍伝習所開設

一八八七年　五月、ロシア皇后付名誉女官の伯爵オルガ・プチャーチンが戸田村を訪問

一八九〇年　オルガ・プチャーチン死去。遺産の一部を戸田村に寄付

第四話

ドイツ科学界を救った日本人

――「内なる規律」に生きた快男児・星一

製薬事業を創設した星一

「ショート・ショート」と呼ばれる掌編《しょうへん》小説のジャンルを確立した作家星新一《ほししんいち》に、父星一《ほしはじめ》の半生を描いた『明治・父・アメリカ』と題する異色の伝記があります。

愛惜を込めて綴《つづ》る父の横顔はスリリングでじつに面白く、この作品と続編『人民は弱し官吏は強し』を併《あわ》せて読まれることをお勧めします。

今回取り上げるのは、星一が時の政治家や官僚たちに足をすくわれながらも、第一次世界大戦後、滅亡に瀕《ひん》していたドイツ科学界を救った偉業です。

星一は若き日にアメリカに渡り、苦学してコロンビア大学

掌編小説
短編よりもさらに短い小説。
星新一
一九二六〜一九九七。本名は親一。ミステリーやSF、掌編小説の第一人者。

を卒業し、帰国して製薬会社や薬科大学を創設した一代の事業家です。星が創り上げた人脈には目を見張るものがありますが、その一人に政治家後藤新平がいます。

後藤は、台湾総督府民政長官、満鉄《まんてつ》初代総裁、逓信《ていしん》大臣兼鉄道院総裁、外務大臣、東京市（現・東京都）第七代市長等の要職を歴任した近代日本を代表する政治家です。

また、若き日には医学を志してドイツに留学、帰国後は病院長の経験をもつ人でもありました。板垣退助*が岐阜で暴漢に刺されたとき、治療したのはこの後藤です。

明治三十八（一九〇五）年、三十一歳で帰国した星は製薬事業を始めます。その発展の画期となったのはモルヒネ*の製造でした。

当時、激痛を和らげ、手術の際の必需品となったモルヒネ

板垣退助
一八三七〜一九一九。高知県出身の政治家。民権運動の推進者で、自由党の党首などを務めた。

モルヒネ
アヘンに含まれるアルカロイドの一種で、麻酔や鎮痛作用がある。現在は麻薬取締法によって取扱いが規制されている。

は需要が激増していましたが、欧米からの輸入に頼るしかありませんでした。そこで星は、モルヒネの国産化という難題への挑戦を決意するのです。

政官業癒着の陰謀と闘う

問題はモルヒネの原料であるアヘンをいかにして入手するかでした。アヘン*は政府の専売品だったため、国産品を製造するには、国際相場の三、四倍も高い払い下げ価格で購入するより手はなかったのです。しかし、それでは商売として成り立ちません。

そこで星が思いついたのが、後藤が台湾で進めていたアヘン漸禁策《ぜんきんさく》でした。この政策が功を奏して、はじめ十九万人も

アヘン
ケシからとれる麻薬で鎮痛や催眠作用を持つ。医薬以外には禁止されている。

いたアヘン常用者が大正二（一九一三）年には八万人にまで減少していました。ただ、この八万人に対しては、いまだ専売局でアヘンを管理提供していたのです。星はこの一部を安価で払い下げて貰うべく交渉し、後藤の仲介もあり、許可を得ることに成功します。

こうして、わが国初のモルヒネ製造は軌道《きどう》に乗り、星製薬は飛躍的な発展を遂げたのです。しかし一方で、星の活躍を苦々しく見る人々がいました。その一つは同業者であり、ほかにも星を支援する後藤新平を政敵と見る憲政会*一派とそこに群がる官僚たちでした。

謀略を用いても星の足を引っ張れば、ひいては後藤に痛手を与えることになるともくろんだグループは、星製薬の潰滅《かいめつ》をたくらみます。その結果、星製薬は許認可権をもつ一部の

憲政会
大正五年（一九一六）に立憲同志会を中心に複数の政党が合同して結成した政党。

官僚によるいじめを受け、業務遂行が困難な事態に陥ってしまいました。しかし、星は決してひるむような男ではありません。果敢に陰謀と闘うのです。

ドイツ科学界の援助に乗り出す

ところで、こうした窮地《きゅうち》に陥る直前の大正八（一九一九）年の頃、星は後藤からこんな話を聞きました。「こんど日本に着任したゾルフ大使は、私がドイツに留学していた当時からの友人だ。……彼の語るところによると、ドイツの疲弊《ひへい》はひどいものらしい。学問の水準を世界に誇るドイツ科学者たちも、実験用のモルモット一匹を買う金にさえ、事欠いているそうだ」と。

この年は第一次世界大戦*が終結し、ヴェルサイユ条約が調印されています。敗戦国ドイツは極めて苛酷《かこく》な講和条件を呑《の》まざるを得ず、財政は風前のともしびでした。また、世界に冠たるドイツ科学界も、折からの悪性インフレのため壊滅状況に直面していました。ゾルフ大使が語った窮状は、こうした経緯を指しています。

このとき、星は自分が援助したいと申し出ました。金額は二百万マルク*、当時の日本円に換算しますと八万円に相当します。この破格の支援金は横浜正金《しょうきん》銀行を通じて、ドイツ政府にあてて送金されました。仲介を依頼された横浜正金銀行も、星の行為を意気に感じて、手数料は一切とらずに引き受けたと伝えられています。

一方ドイツ側では、星基金を公正に活用すべく「日本委員

第一次世界大戦
一九一四年から一九一八年のあいだ、ヨーロッパを中心に三十数カ国が戦った最初の世界的規模の戦争。一九一九年のヴェルサイユ条約によって終結。

マルク
ドイツの貨幣単位。現在はユーロに移行。

会（星委員会）」を設立。委員長にノーベル化学賞受賞者の*フリッツ・ハーバー、委員には*マックス・プランク、*オットー・ハーンなど錚々《そうそう》たるノーベル賞受賞者が就任しました。

こうした星の援助のおかげでドイツ科学界は奇跡的に立ち直るのです。敗戦後、世界から冷淡視されていたドイツの学者たちが東方の国からの格別の援助に感極まった様子が目に見えるようです。

エーベルト大統領からの感謝

大正十一（一九二二）年のこと、星はドイツ政府から招待を受けることになります。訪問した星に対してドイツの主だった化学工業関係の会社社長二十数名が集まって感謝を捧

フリッツ・ハーバー
一八六八〜一九三四。ドイツの化学者。一九一八年にノーベル化学賞を受賞。

マックス・プランク
一八五八〜一九四七。ドイツの理論物理学者。一九一八年にノーベル物理学賞を受賞。

オットー・ハーン
一八七九〜一九六八。ドイツの科学者。一九四四年にノーベル化学賞を受賞。

げ、エーベルト大統領*は晩餐《ばんさん》に招いて記念品を贈ったそうです。ベルリン大学区では星に名誉市民権を与えて謝意を表しました。まさに国賓《こくひん》に準ずる待遇を受けています。

これに対して星はさらなる援助の必要を感じ、第二回目として四千万マルク、さらにインフレに影響されない日本通貨で毎月二千円を以後三年間にわたって寄付すべく決意するのです。推定時価で六億円にのぼる追加支援でした。

星が帰国した翌々年、ドイツから星委員会の委員長ハーバー博士夫妻が来日。このときハーバーは星に対する大統領親書と記念品を渡し、併せてベルリン工科大学名誉交友章を贈呈しました。

さらには、ドイツ産業界の意向として、ドイツ染料の日本での販売権一切を星に提供する旨が伝えられます。これは莫《ばく》

エーベルト大統領
一八七一～一九二五。ドイツ革命後の一九一九年に初代大統領に就任。

大《だい》な利益をもたらす垂涎《すいぜん》の権利でしたが、星は断ります。

「ありがたいことですが、それはいただくわけにはまいりません。自分が好意で行った寄付が、反対給付を期待してのものだったことになってしまいます。その権利は、必要としている人に公平に分配してあげてください」

これを聞いた後藤は、「先方はくれるというのだし、貰っておいて損はないではないか。……きみが同業者や官庁から、つまらぬことでいじめられているのを知っている。そのための力強い援軍になるではないか」と忠告したといいます。

この後藤に対する星の返答がふるっています。「同業者や官庁と争うのに、外国のうしろだてでそれをやっては、筋が

通りません」と述べたというのです。筋が通らないというのは、いうまでもなく日本人として恥ずかしいという意味です。

「内なる規律」に従う

星に欲がなかったわけではないでしょう。しかし星という人は、判断や選択を迫られるとき、公の立場から見てどうなのか、いかに振る舞うべきなのかという「内なる規律」に従うのが常でした。このときもそうした内面から聞こえる声に従ったのです。星とはそういう男でした。

ところで、大正十三（一九二四）年に成立した憲政会の加藤高明内閣は、前述の通り官憲を使って星の事業に対し悪質な妨害に出ます。正規の許可を得てモルヒネ製造を行っているにもかかわらず、密輸容疑を捏造《ねつぞう》し、異例の非公開裁判までして星を有罪にもち込んだのです。

もちろん謀略だったわけですから、控訴《こうそ》した星はのちに無罪となるのですが、一時は破産宣告にまで追い込まれ、岳父《がくふ》の*小金井良精《こがねいよしきよ》宅に身を寄せたこともありました。しかし、こうした謀略事件の渦中にありながらも、ドイツ科学界への援助は一度たりとも遅れることなく送金を続けたのです。

控訴中の昭和元（一九二六）年末、ドイツでは日本との知的交流を促進するためにベルリン日本研究所が設立されました。星はこの研究所の開所式に間に合うように寄付金を送金しますが、見るに忍びないほどの窮状にあった星がいかなる金策に奔走して届けたものか、ドイツ側では知る由《よし》もありませんでした。じつは、星は約束を守るため青山の自宅まで抵

小金井良精
一八五八〜一九四四。人類学者で東大教授。妻は森鷗外の妹。娘が星一の妻にあたる。

当に入れて工面していたのです。

ドイツで始まった星顕彰事業

このときから遠く歳月は過ぎ、昭和五十五（一九八〇）年頃からドイツでは恩人である星に対する研究と顕彰《けんしょう》が始まっています。ドイツ東亜学者のエバハート・フリーゼ博士が著した「ドイツ科学の後援者星一氏」は、その代表的論文の一つです。この論文にはドイツ科学界への支援を惜しまなかった星の厚情が明らかにされています。

また、昭和五十九（一九八四）年に来日した博士は、星薬科大学における「第一次世界大戦後の日独文化関係における星基金の意義」と題した特別講演で、大正十三（一九二四）

年に星がドイツに送った手紙を読み上げて恩人をたたえました。このドイツからの感謝の手紙に対して星はこのような返信を送っています。

「わが国の化学は長年にわたってドイツの学問から多大の恩恵を被《こうむ》ってきたこと、また当時大変な苦境にあったドイツの学問の盛衰は、世界文化の命運と極めて密接な関係にあることなどに思いを馳《は》せるとき、私は自分たちの感謝の気持ちをいささかなりとも表明したかっただけなのです」

星が創設した大学に学ぶ学生たちは、どんな思いで異国の学者が初公開した、この先達《せんだつ》の手紙を聞いたでしょうか。

世界の進歩に寄与する学問がいかに貴いものか、その学問の危機を、身を挺《てい》して救った実業家日本人がいたことは、わが国の誇りだと思うのです。

【関連年表】

明治六年　星一、福島県いわき市に生まれる
明治二十七年　米国へ留学
明治三十四年　コロンビア大学卒業
明治三十八年　星製薬を設立
大正八年　ドイツ科学界への資金援助を開始
大正十一年　星製薬商業学校（現星薬科大学）設立
大正十四年　陰謀に巻き込まれアヘン令違反で起訴される（のちに無罪となる）
昭和二十六年　ロサンゼルスで死去
昭和五十五年　ドイツにおいて星に対する研究と顕彰が始まる
昭和五十九年　来日したエバハート・フリーゼ博士が星薬科大学で星一の偉業をたたえる特別講演を行う

第五話

遭難トルコ使節団の救出物語

――明治から現代へと続く日本とトルコの友情

トルコ使節団と明治天皇

広大なアジアの東端《とうたん》と西端《せいたん》に位置する日本とトルコ共和国*、この両国のあいだに刻まれている友好の歴史を紹介しましょう。

トルコの人たちが初めて来日したのは、オスマン・トルコの時代の明治二十三（一八九〇）年のことです。およそ六百名のトルコ使節団を乗せた船はエルトゥールル号という名の木造の軍艦で、団長はオスマン・パシャ提督《ていとく》でした。

提督は、まず明治天皇*を訪問、トルコ皇帝のアブデュル・ハミト二世から托《たく》された親書並びにトルコ国最高勲章、贈答品などを献上しました。

トルコ共和国
アジア大陸の最西端に位置する。かつてはオスマン・トルコ帝国として発展。一九二三年に共和国となった。首都はアンカラ。

明治天皇
一八五二〜一九一二。慶応三年（一八六七）即位。五箇条の御誓文を発布して開国和親の国是を定め、近代国家の礎を築く。

このときの親書のなかに訪問の理由が書かれています。それは、こういうことでした。

三年前の明治二十（一八八七）年、明治天皇の伯父《おじ》にあたる小松宮彰仁《こまつのみやあきひと》親王殿下が欧米諸国を歴訪《れきほう》。その際、同じアジア圏に属するトルコを親善訪問されたのです。皇室として初の訪問でした。

小松宮親王殿下御一行はハミト二世に面会、心のこもった歓待を受けました。これを知られた明治天皇は、礼状と最高勲章である「大勲位菊花大綬章《だいくんいきっかだいじゅしょう》」をトルコ皇帝に贈られたのです。

この明治天皇からの贈り物に感激したハミト二世は日本との友好を深めるべく、使節団の派遣を決定しました。

ハミト二世からの親書の一節は、こういう文面でした。

「余《よ》（私）は最大の満足を以《もっ》て陛下が名高き菊花大綬章を贈られしことを記載したる貴翰《きかん》を手にしたり。これ誠実なる友誼《ゆうぎ》を証する親愛の情に外ならず。余の陛下に対し感激に堪《た》へざる所以《ゆえん》なり。（中略）我等は相互の間に存する友情を益々確保し、さらにこれを鞏固《きょうこ》ならしめんと熱望するものにして、（中略）陛下の御幸福の増進と玉体《ぎょくたい》（明治天皇のお身体）の御健全とを願ひ、さらに永く善《よ》き友情のしるしを与へられんことを願ふ」

この答礼を受けて、明治天皇は団長のオスマン・パシャ提督に勲章を授け、歓迎の意を表して晩餐会《ばんさんかい》を開かれています。晩餐会が終わると、明治天皇はさらに提督らを別室に招《まね》き、熱心に懇談《こんだん》されたといいます。

たとえば、あなたの国の馬はアラビア産の馬と同じ種類なのか、それともお国の純血種なのかとか、露土《ろと》戦争*の際のプレブナの戦いで活躍したオスマン・パシャ将軍とあなたとは同じ名前だが親戚《しんせき》なのか、将軍はお元気でおられるのか、など細かく尋ねられたそうです。

これらの様子は使節団がトルコ本国へ送った手紙のなかにも記されています。

露土戦争
一八七七年、バルカン半島に進出したロシアとトルコとの戦い。トルコは敗れる。

大島島民による必死の救助

こうして、友好の絆《きずな》を深めた使節団は帰国の途《と》につきました。このとき、悲劇が起きたのです。

横浜港を発《た》ったエルトゥールル号は、九月十六日夜、和歌山県南端の海上に浮かぶ大島沖に差しかかりました。この付近は熊野灘《くまのなだ》と呼ばれ、海上に岩礁《がんしょう》が突き出ている難所です。

すでに遠州灘《えんしゅうなだ》を過ぎた頃から、海上は荒れ始めていました。台風が接近していたのです。事態に気づいたエルトゥールル号は、紀伊半島を迂回《うかい》して神戸に避難しようと、先を急いだのですが、間に合いませんでした。台風の直撃を受け、船甲羅《ふなこうら》と呼ばれる岩礁に乗り上げ、乗組員は激浪《げきろう》の海に投げ出されてしまいました。

多くは一瞬にして命を落としたに違いありませんが、怒濤《どとう》に揉《も》まれながらも、一部のトルコ人たちは大島の東端に位置する樫野崎《かしのざき》の近くまで必死に泳ぎ着いたようです。おそらく、漆黒《しっこく》の闇のなかで、わが国で最も古い灯台の一つである樫野*

崎灯台の灯火が見えたのでしょう。

一人のトルコ人が崖《がけ》を這《は》い上がり、そこに倒れ込みました。その瀕死《ひんし》の遭難者を島の若者が見回りの最中に発見します。このときから翌日にかけて、大島の沖周《おきしゅう》村長の陣頭指揮のもと、島民による救援活動が繰《く》り広げられるのです。当時は通信機関もない離島のこと、救助は困難を極めたといいます。

まず、生存者がいると思われる磯場《いそば》まで行かねばならないものの、そこは息を呑《の》むような急峻《きゅうしゅん》な崖です。しかし、助けるとすればここを降りるほかない。島民はまさに身を賭《か》けて決行したのです。

ようやく磯場に降りると、そこには重傷の生存者が至るところに呻《うめ》いていました。島民はどのようにして負傷者を救助したのでしょうか。現地に残る史料が明かしています。

樫野崎灯台
明治三年に初点灯した日本最初の石造灯台。

その一つが、昭和十二（一九三七）年六月三日付の「紀伊半島日々」という新聞です。

この記事のなかに、救助活動に従事した高野友吉が半世紀後の晩年に回想した貴重な証言が載《の》っています。

「まず生きた人を救え！　海水で血を洗い、*兵児帯《へこおび》で包帯をし、泣く者、呻く者を背負って二百尺の断崖をよじ登る者は無我夢中である……。とにかく生存者七十九名を小学校と大龍寺に収容した」

島民は兵児帯を包帯代わりに応急処置を施《ほどこ》し、負傷したトルコ人を背負って、崖をよじ登ったというのです。「二百尺」は約六十メートルにあたりますから、驚きです。

兵児帯
男子や子供が用いる帯。

ただし、七十九名を助けたというのは記憶違いで、実際には六十九名でした。

快復したトルコ人の送還

生存者を島に引き上げた後の島民たちの対応も迅速かつ適切でした。冷え切った身体を快復すべく、人肌で温め、精魂の限りを尽くしています。さらには非常事態に備えて貯《たくわ》えていたさつまいもや鶏《にわとり》など一切を提供して精をつけさせ、トルコ人の生命の維持に努めたのです。

いったいこの精神の高さはどこからくるのでしょうか。筆者は教育によって培われたものではないかと思います。

たとえば、沖村長とともに救援活動の先頭に立った樫野区長の斉藤半右ヱ門《はんうえもん》は、学務委員*として初等教育の確立に尽力した人物です。救援活動の過労と心労のためか翌年に亡くなりましたが、誠実な人であったといいます。こうした教育者が与えた影響が一つ。

他方で、江戸時代から全国津々浦々に構築されていた寺子屋*や私塾などが果たした教育機能も無視しがたいと思います。人としての惻隠《そくいん》の情は江戸以来、地下水のごとく育《はぐく》まれていたと見て間違いありません。

さて、大島島民に救われた遭難者は、神戸から援助に向かったドイツ艦ウォルフ号、明治天皇の指示で派遣された日本海軍の軍艦八重山《やえやま》の二隻で神戸に運ばれ、設備の整った病院に収容されて、本格的な手当を受けることになりました。

こうして、六十九名のトルコ人は元気を快復、彼らをトル

学務委員
戦前の教育行政機関として教育事務を担当する委員。

寺子屋
庶民の子供を対象に開かれた私設の教育機関。

私塾
江戸時代に設けられた私設の教育機関で、寺子屋よりも高度な内容を教える塾。

コ本国へ送るべく、海軍兵学校*の練習艦「比叡《ひえい》」と「金剛《こんごう》」が出港。翌二十四（一八九一）年一月二日に無事イスタンブールに入港しました。

じつは、この二隻の練習艦には、兵学校を卒業したばかりの少尉候補生が訓練のために乗船していました。その彼らにトルコ人の本国送還の任務が与えられたのです。

その少尉候補生のなかにいたのが、のち日本海海戦の連合艦隊参謀として活躍する秋山真之《さねゆき》*です。若き日の秋山たちが丁重にトルコ人を送り届けたのです。トルコは彼らを心から歓迎してくれたと伝えられています。

また、エルトゥールル号遭難を知った多くの国民が全国から義援金を寄せました。それは時事新報社の野田正太郎という記者が、このときの練習艦隊に乗船してトルコまで持参し

海軍兵学校
明治初期に創設された海軍の士官養成を目的とした教育機関。明治九年に東京築地に設立。明治二十一年に広島県江田島に移転。多くの人材を輩出した。

秋山真之
一八六八～一九一八。海軍中将。日露戦争時の日本海海戦では連合艦隊作戦参謀として活躍する。

ましたし、明治二十五（一八九二）年にも山田寅次郎が東京都民の義援金を送り届けています。

なお、大島付近の海底に沈んだ遺品については、大島やそのほかの地域から結集した潜水の専門家たちが、苦労しながら探査し、可能な限り引き上げました。そして、これらの遺品は明治政府からフランス汽船に託されて、トルコ本国に送還されています。見事といっていいほどの心遣《こころづか》いでした。

昭和天皇行幸とトルコの恩返し

一方、こうした日本の行為に対して、トルコのハミト二世は、侍従《じじゅう》武官のアフメット少佐を答礼のために日本に派遣し、明治天皇にトルコ産の名馬を贈呈、心からの謝意を表しています。おそらく、明治天皇が滞在中のオスマン・パシャ団長にトルコ産の馬について並々ならぬ関心をもって尋ねた一件が伝わっていたから、感謝のしるしとして贈られたものと思われます。

もう一つ、皇室との関係を紹介しておきます。昭和四（一九二九）年六月、昭和天皇は和歌山県地方に*行幸《ぎょうこう》になりました。このとき、大島に立ち寄られ、エルトゥールル号の遭難碑まで出向かれています。

大島への行幸を翌日に控えた六月二日、昭和天皇は、地元の樫田《かしだ》文左衛門を招かれ、エルトゥールル号救助の顚末《てんまつ》などをお聞きになっています。この老人は、トルコ人遭難者の救助活動にあたった数少ない生存者の一人でした。

翌三日、昭和天皇は大島の樫野桟橋《さんばし》から上陸され、徒歩で

行幸
天皇が地方などに視察に出かけられること。

郵便はがき

料金受取人払郵便

渋谷局承認

1216

差出有効期間
平成28年３月
31日まで
（切手不要）

1508790

584

東京都渋谷区神宮前4-24-9

致知出版社　行

『致知』年間購読申込みハガキ

FAXもご利用ください。➡ FAX.03-3796-2108

お買い上げいただいた本

フリガナ		性　別	男 ・ 女
お名前		生年月日	西暦＿＿＿＿年　月　日生　歳
フリガナ		部署・役職名	
会社名			
ご住所（ご送本先）	自宅　会社　〒　－		
電話番号	自宅　－　－	会社　－　－	
携帯番号		E-mail	
職　種	1.会社役員　2.会社員　3.公務員　4.教職員　5.学生　6.自由業　7.農林漁業　8.自営業　9.主婦　10.その他		

ご購読口数（バックナンバーは別売になります） 最新号より　毎月＿＿＿冊	ご購読期間　○印をしてください 3年 27,800円(定価37,800円) 1年 10,300円(定価12,600円) ※年間12冊・送料・消費税含む

※ご購読料の請求書（振込用紙）は、初回送本に同封させていただきます。

お客様からいただきました個人情報は、商品のお届け、お支払いの確認、弊社の各種ご案内に利用させていただくことがございます。

数十分を歩まれ、遭難碑の前に到着、挙手の礼をもってお参りをされています。

現地の大島には、昭和天皇行幸の碑が建っています。そして、その後大島では、この行幸の日を記念して毎年、慰霊祭を執り行ない、今日を迎えているのです。

昭和六十（一九八五）年、イラン・イラク戦争のただなか、イランのメハラバード空港に取り残され、イラクによる攻撃の的にされた邦人二百十五名を、危機一髪のところでトルコ航空機が救出してくれるという出来事がありました。

この救出劇はエルトゥールル号救援に対する恩返しの一面があったといわれています。明治の大島島民が見せた美しい精神は滅びることなく、このように脈々と生きているのです。

私たちが歴史に学ぶゆえんはここにあります。

【関連年表】

明治二十三年　トルコ使節団、エルトゥールル号で日本を訪問。九月半ば、帰国の途中、和歌山県大島の近海で遭難。大島島民の献身的救助でトルコ人六十九名が救われる

明治二十四年　一月、海軍兵学校の練習艦「比叡」と「金剛」の二隻で生存者を無事トルコへ送り届ける。

昭和四年　昭和天皇、大島の遭難碑に行幸

昭和六十年　イラン・イラク戦争時、メハラバードの空港に取り残された日本人二百十五名をトルコ航空機が救出して恩を返す

平成二十年　六月、トルコ大統領が大島を訪問、追悼式典に出席

第六話

台湾の「松下村塾」

——教育に人生を捧げた日本人教師の情熱

悲劇の六氏先生

ここでは明治二十八（一八九五）年、わが国の領有となった台湾で繰り広げられた教育事業の顚末《てんまつ》を紹介します。

日清戦争講和のための下関条約*が結ばれた直後のことです。文部省の学務官僚伊沢修二《*いざわしゅうじ》は、初代台湾総督に就任した樺山資紀《かばやますけのり》に台湾における教育開発の重要なることを進言しました。

結果、学務部が創設され、伊沢が初代学務部長心得となり、さらに全国から七名の優秀な人材を集め学務官僚とし、台湾近代教育にあたるチームが編成されることになりました。

伊沢は七名の学務官僚とともに台北に赴《おもむ》き、念願の学堂

下関条約
明治二十八年四月、下関で締結した講和条約。清国から遼東半島、台湾、澎湖諸島を割譲する。

伊沢修二
一八五一～一九一七。長野県出身の教育家。文部省で活躍。台湾での教育政策にも指導的役割を果たす。

（学校）の設立を目指して台北郊外にある芝山巌《しざんがん》と呼ばれる地を選び、地域に呼びかけ教育を開始しました。

当時の資料を見ると、開設時には六名の生徒しか集まらなかったようですが、二か月近く経《た》つと、「伊沢部長及び部員の誠意熱心は、漸《よう》く附近の民衆に知らるゝに至り、入学を希望する者、漸次《ぜんじ》増加し、……其数二十一名に達せり」（『芝山巌誌』）と記録されるまでに増加しています。

こうして順調に教育活動は浸透していくのですが、台湾に遣《つか》わされていた近衛《このえ》師団長の北白川宮親王殿下が病没されたため、伊沢は学務官僚の一人を伴って一時帰国することになりました。

このときに芝山巌学堂で悲劇が発生したのです。当時は、日本による統治が開始されたとはいえ、台湾全土に抗日のゲリラ活動が頻発《ひんぱつ》していた頃です。

明治二十九（一八九六）年一月一日のことでした。残留して現地子弟の教育にあたっていた日本人教師を、約百名の抗日派が襲撃し、惨殺したのです。この悲劇は「芝山巌事件」と呼ばれました。

このとき命を落とした日本人教師は、楫取《かとり》道明（三十七歳、山口県出身）、関口長太郎（三十六歳、愛知県出身）、桂金太郎（二十六歳、東京府出身）、中島長吉（二十五歳、群馬県出身）、井原順之助（二十三歳、山口県出身）、平井数馬（十七歳、熊本県出身）の六氏でした。

日本内地で悲報に接した伊沢は、ただちに台湾に戻って遺灰を芝山巌の地に合葬しました。そして、そこに「学務官僚遭難之碑」を建てて慰霊祭を催しています。

また昭和五（一九三〇）年には、芝山巌神社も建立され、その功績が顕彰《けんしょう》されることになりました。

「慈父の親みを以て」

ところで、六氏のうち最年長の楫取道明は、長州藩士の小田村伊之助（のち楫取素彦と改名）の二男として安政五（一八五八）年に萩《はぎ》城下に生まれています。

楫取の母寿子《ひさこ》は吉田松陰の妹にあたりますから、伯父《おじ》吉田松陰が主宰した松下村塾の教育理念が彼の芝山巌教育に影響を与えたであろうことは充分に推測できます。

その教育の面影については、第一期生だった潘光楷《はんこうかい》が「回顧三十年」と題して貴重な証言を残しています。いわく、

「最初の教室は芝山巌廟《びょう》の後棟楼上《こうとうろうじょう》に設置せられ、余は此所に楫取道明先生と起居をともにしたり」と。

楫取は十代の少年たちを預かり、寝食をともにし、心魂を込めて教育にあたったのです。被統治者の子供たちを見下し、その蒙《もう》を啓《ひら》いてやるというような態度は少しも見せませんでした。

このように、芝山巌教育は日本人教師と台湾人子弟協同の寄宿舎生活から始まっているのです。まさに台湾の「松下村塾」だったといってよいでしょう。

そうした教育の温もりを潘光楷ら少年たちは生涯忘れませんでした。楫取道明ら六氏先生が身を捧げた芝山巌教育の真《しん》髄《ずい》をこう回想しています。

「我等が恩師は南瀛《なんえい》の文化を啓発し、人心を陶冶《とうや》するの目的を以て、遠く絶海の孤島に臨まれ、旦夕《たんせき》余等を教導するの任に膺《あた》り、余等亦慈父《じふ》の親みを以て之に見《まみ》えたりしも、竟《つい》に其の鴻圖《こうと》を果さず空しく天涯《てんがい》の鬼と化せらる。

今や当時を追憶し轉々断腸《てんてんだんちょう》の念に堪《た》へざるものあり。然《しか》りと雖《いえど》も今日《こんにち》本島の教化大《おおい》に大に揚《あが》り文風日に進みたる、是《こ》れ豈《あ》に在天諸氏が英霊のこれを啓発せられたるに依《よ》らざらんや」

かいつまんで要約すると、こんな意味です。

私たちの恩師六名は、南方のここ台湾の文化を啓発し、人としての豊かな心を育成しようと願い、朝夕心を込めて教え導いてくださった。私たち生徒も恩師たちをじつの父のように慕《した》ったのであるが、ついにそのこころざし半ばに倒れられた。

当時を思い出すと、悲しみはますます募《つの》ってならない。しかしながら、今、台湾の教育は大いに発展し、目覚ましく文明化が進んでいる。これらはひとえに台湾の近代化に身を捧げられた恩師のお陰である。

この教え子による追悼の一文に、芝山巌教育のすべてがいい尽くされています。

筆者は、松下村塾のこころざしは芝山巌学堂の教育に承《う》け継がれたと見る者の一人です。この二つの教場が日本と台湾の新たな時代を拓《ひら》いたのです。

六氏先生之墓

十七歳の少年教師、平井数馬

ところで、抗日派に襲われたとき、六氏は奮戦した模様ですが、結局は多勢に無勢で、全員非業《ひごう》の死を遂げています。発見された遺体は五人で、すべて首は奪われていたそうです。六氏中最年少の平井数馬の遺体はついに発見されませんでした。十七歳の数馬は、襲来した武装兵を前にひるむことなく、神聖なる教場《きょうじょう》を守護すべく素手で戦ったと伝えられています。

異国統治における弱冠十七歳の少年教師の存在は、東西の歴史にも稀有《けう》のことと思われるので、その生い立ちをここに記しておきましょう。以下は、憲兵として台湾に従軍、その後も現地に居住していた実兄幸三郎の談話記録を参考にしたものです。

数馬が生まれたのは*西南の役の翌年明治十一（一八七八）年のことです。両親はもともと熊本市内に住んでいましたが、西南の役で罹災《りさい》したため熊本県益城《ましき》郡松橋《まつばせ》町に疎開、数馬はこの地で誕生しました。翌十二（一八七九）年、一家は再び熊本市新屋敷町に移っています。

父の新平は、非常な敬神家で*神風連《じんぷうれん》にも参画、西南の役にも加わった剛毅《ごうき》の人でした。その父の膝下《しっか》に育ったこともあり、文武両道に秀《ひい》で、町の柔道場に通い、目録まで貰《もら》うほどの腕前だったといいます。

市内の小学校から名門済々黌《せいせいこう》に進学、常に校内の団長を務

西南の役
明治十年、西郷隆盛を指導者に仰ぎ、政府と敵対した士族の戦い。

神風連
明治初期の熊本で結成された大田黒伴雄を中心とする伝統主義に立つ思想団体。

めていたらしく、数馬のリーダーシップは天与の資質だったと思われます。家庭では、夜七時には就寝、午前二時頃には起床し明け方まで勉学に励む日々でした。

折しも日清戦争のただなか、国の一大事に貢献したいと願ったものの、十代では到底兵役にはつけません。ところが、中国語の通訳官が必要とされていることを知り、九州学院支那語科に入学し、半年のあいだ懸命に勉強、チャンスを待つこととしたのです。

こうした努力がみのり、現地の台湾総督府*から「ソウトクフ（総督府）、ツウヤククワン（通訳官）ニ、サイヤウ（採用）ス、九ニチ（日）、サセホハツ（佐世保発）、フクヰマル（福井丸）デ、トダイ（渡台）セヨ」との電報が届きます。異例の採用でした。

台湾総督府
下関条約の結果、台湾統治のために台北に置かれた行政機関。

電文の「フクヰマル」とは、後年の日露戦争時に広瀬武夫*中佐が部下の杉野兵曹長の名前を呼号して戦死した福井丸にほかなりません。この福井丸に乗船、勇躍台湾へ赴任したのです。

台湾では内務の通訳官に就任するとともに本島人子弟の教育にあたりました。一方で日台会話の本も著したそうですから、驚かざるを得ません。

篠原正巳氏の労作『芝山巌事件の真相』（和鳴会）によれば、『軍隊憲兵用台湾語』と題した遺稿が存在するそうです。注目すべきは、仮名で台湾語音を表記するのは極めて難しいにもかかわらず、数馬の仮名表記はじつに正確に記されていたということです。

現在、熊本市竜田《たった》山麓の小峰墓地にある数馬の墓前には、

広瀬武夫
一八六八〜一九〇四。海軍中佐。日露戦争中の旅順港閉塞作戦で、行方不明の部下を探すなか、砲弾を浴びて戦死。軍神とうたわれた。

「芝山巌殉国之士平井数馬先生之碑」が建っています。近代日台関係史に刻まれた、この少年教師の存在を銘記しておきたいものと切に思われてなりません。

芝山巌教育は滅びず

ところで、六氏の教育事業は一年にも満たなかったのですが、台湾教育に賭けた情熱の火は消えたわけではありません。芝山巌事件の悲報が内地に伝わるや、全国津々浦々から教職の資格をもつ有志が続々と台湾に赴いて行ったのです。

彼ら教師たちは六氏が拓いた教育の灯《ひ》を継ぐべく、明治大正昭和の半世紀に及んで献身しました。

しかし、彼らのなかには現地で教育に携《たずさ》わりながら、マラリア、赤痢《せきり》、腸チフスなどの風土病に罹《かか》り、殉職する人が多く出ました。

　台湾には富士山より高い玉山《*ぎょくざん》と高山地帯が広がっているため、寒帯から熱帯までのすべての気候地帯が存在します。そのため、絶えず風土病に悩まされていたのです。近代教育の普及は文字通り命懸けでした。

　亡くなった教師たちは四十七都道府県すべてに及んでいます。芝山巌神社に、のち合祀《ごうし》された教師たちの数は三百十七名（うち女性二十七名）にのぼります。殉職者の数でこれだけですから、この十倍二十倍の教師たちが訪台《ほうたい》したことでしょう。

　そこには植民地統治というイデオロギーよりも、教育そのものに身を捧げた日本人教師の真摯《しんし》な情熱が存在したと見る

玉山
台湾の最高峰の山で、標高　三九九七メートル。熱帯から寒帯までの植物分布が広がる。わが国の統治時代は新高山と呼ばれた。

べきです。

ちなみに、平成七（一九九五）年に創立百周年を迎えた台湾の名門校「士林国民小学」（台北市）こそ、芝山巌学堂の後身にほかなりません。

【関連年表】

明治二十八年　下関条約調印。わが国の領有となった台湾の統治が始まる。伊沢修二が、七名の日本人教師とともに芝山巌の地で「芝山巌学堂」を開校、近代教育を始める

明治二十九年　一月、芝山巌事件発生、六名の日本人教師が現地の抗日派によって殺害される。四月、後を継ぐ日本人教師が内地から赴任し、授業再開。以後、多くの教師が訪台

明治三十一年　六氏、靖国神社に合祀

昭和五年　芝山巌神社建立

平成七年　芝山巌学堂を前身とする士林国民小学、創立百周年式を挙行

第七話
富士山頂八十二日間のドラマ
——厳冬期気象観測に挑んだ若き夫婦の勇姿

冬山の気象観測に挑んだ若き夫婦

明治二十八（一八九五）年といえば、わが国が国運を賭けた日清戦争に勝利し、欧米からも一目置かれるようになった年です。しかし、わが国の近代化は必ずしも順風満帆《じゅんぷうまんぱん》だったわけではありません。

なかでも近代気象学の分野は多くの課題が積み残されていました。明治八（一八七五）年に気象庁の前身にあたる東京気象台が創設されてはいたものの、はかばかしい進展を見るまでには至らず、依然低迷を続けていました。

何もこれはわが国に限ったことではなく、当時の先進国でさえ、気象観測は発展途上だったのです。

何より最大の課題は、可能な限り高い山頂で長期にわたる観測データが収集できるかどうかにかかっていたのですが、世界でこれに成功していたのは、ほんのわずかの事例しかなく、まして冬山の観測など皆無《かいむ》でした。

この前人未踏《ぜんじんみとう》の難題に挑んだのが、野中至《いたる》二十九歳とその妻千代子二十四歳、市井《しせい》に生きる無名のうら若き夫婦でした。

二人はともに博多に生まれ育ちました。至は慶応三（一八六七）年に誕生、父である野中勝良は明治になると大阪に出て裁判所に勤務していましたから、少年期は博多の地で祖父によって育てられています。

かねて勝良は至を医者にしたいとの希望があり、東京赴任とともに呼び寄せます。上京後、父の期待をになって明治十九（一八八六）年に大学予備門に入学するのですが、三年後に突如退学します。彼が尾崎紅葉《こうよう》*と同じ下宿に住んで交流したのはこの頃のことです。

一方、千代子は明治四（一八七一）年に博多で著名な喜多流《きたりゅう》能楽師梅津只圓《しえん》の三女として生まれています。母の糸子は至の父勝良の姉にあたりますから、至と千代子はいとこの関係でした。

二人が結婚したのは明治二十四（一八九一）年のこと、至はこの頃から関心を強めていた気象学の世界に身を投じますが、千代子もその雄図《ゆうと》に理解に示したといいます。

尾崎紅葉
一八六七〜一九〇三。明治の小説家。代表作に『金色夜叉』など。

厳冬期の富士山頂へ

もともと厳冬期の富士山頂での観測は、至が単独で挑《いど》む予定でした。世界に後《おく》れをとっている気象事業を一民間人として先駆《さきが》けようとするもので、妻の千代子が助力のために登ってくるなど思いも寄らなかったことでしょう。

至は明治二十八（一八九五）年九月末から登頂しますが、いったい、どうやって登って行ったのでしょうか。

じつは同年一月、冬山の富士登山を試みています。そのときは、アイスバーンを登るために登山靴に数本のクギを打込んでスパイクのように加工して挑みましたが、途中でクギがまがってしまい登山を断念しました。

その当時、氷壁を登る際は、今のようなピッケルがなかったため鳶口《とびぐち》を利用しましたが、大して役には立ちませんでした。そこで、本番の登山ではつるはしを持参しますが、その重さにはほとほと閉口したといいます。

こうして、厳冬期の富士山頂での気象観測は氷雪に閉ざされつつあった十月一日に始まります。観測のための山小屋は、すでに夏場に登って設置していました。

この破天荒《はてんこう》な挑戦が新聞で報道されるや、国民に多大の関心を呼び、山頂の至を激励しようと慰問隊《いもんたい》まで結成されたほどです。

観測を開始して二週間後のことでした。報道関係者を含む慰問隊が山頂を訪れました。このとき慰問隊は、至から両親にあてた手紙を託されます。

早速その文面が新聞に公開されると、国民は仰天しました。なんと妻の千代子が強力《ごうりき》＊三名を率いて登ってきて、ともに観測を始めることになったと記されていたからです。

彼女は至の計画を知ったときから、行動をともにしたいと

強力　登山者の荷物を運ぶ人。

洩《も》らしたことはあるものの、至のみならず周囲にもきつく止められあきらめていたはずでした。

では、プロの山男でさえ怖《お》じ気《け》づく冬季富士山に登ろうと千代子を突き動かしたものは何だったのでしょうか。

決断——御殿場からの手紙

彼女が胸に秘めてきた決意を明らかにするのは、御殿場《*ごてんば》に滞在して至の登山準備を手伝い、いよいよ至と別れて東京に戻るときのことです。東京には至の両親がいて、二人は同居していました。

千代子は御殿場の駅で汽車を待つあいだ、東京の義母とみ子にあてて手紙を書きます。

御殿場
富士山のふもとに位置する富士登山口の一つ。静岡県北東部に位置する。

「到（至）様御事、此度いよいよお登り遊ばし、今後八、九ヶ月の間、御一人《ごいちにん》にて明暮《あけく》れ煮炊《にた》きの業《わざ》までも御世話遊ばすやらにては、日頃如何《いか》にすこやかとは申しながら、万一の事どもおはし候《そうら》はば、是迄《これまで》の御心尽し相砕《あいくだ》け、御痛はしふ候へば、是非にわらは、御供《おとも》致し度《た》く、兎《と》にも角《かく》にも安閑《あんかん》と致し居《お》るべき時には候はず。……今度の私の振舞《ふるまい》、御方々、わきて到様より幾程《いくほど》の御《お》しかりを受け候とも、此の事ばかりは思ひ止《とど》まりかね、ふみ切り、下県《かけん》致し候」

まず分かりやすく口語訳に直してみましょう。こんな文面です。

「至さんはいよいよ冬の富士山にお登りになり、これから八、九か月のあいだ、すべて一人で過ごされます。いかに御健康とはいえ、万一のことでもあれば、これまでの努力が無駄となり、あまりにも可哀想《かわいそう》です。

ですから、私はなんとしてもお供したく、一人のんびりとはしていられません。こうした私の行動は、関係者の皆さま、わけても至さんからどんなにお叱《しか》りを受けようとも、こればかりはやめるわけにはいかず、決行する所存です。ついては準備のため、故郷の博多に向かいます」

以上のような決意の手紙を綴《つづ》ったのです。「是非にわらは、御供致し度く」という言葉に並々ならぬ覚悟のほどが偲《しの》ばれます。

博多では、実家の両親に事の次第を打ち明けて娘を預け、万端の準備を整え、再び御殿場に戻ってきました。御殿場では土地の強力《ごうりき》を説得、かねての計画通り富士山頂を目指すのです。

ちなみに、彼女は自身の登山に向けてもひそかな努力を続けていました。以前から、こういう日に備えて博多に戻るたびに地元の山々を踏破《とうは》、足腰の鍛錬に打ち込んでいたのです。

一人でここまでの周到な計画を進めたひたむきさに、明治女性の真骨頂を見る思いがします。

「野中は殺さぬ」と叫んだ鬼熊

しかしながら、山頂では早々に過酷な観測生活を強《し》いられます。恐ろしいほどの寒風にさらされ、二時間おきに気温や風速などを観測しては記録する作業を昼夜交替して続けなければなりません。

ついには観測機器も凍りついて破損、温度計のほかは大半が使用不能に陥ります。そのうえ、二人はあいついで凍傷や高山病に罹《かか》ってしまうのです。

危機に瀕《ひん》していた夫妻を発見したのは、再び山頂を訪れた有志の慰問隊でした。ただちに救援隊が組織され、十二月二十二日、山頂に向かいます。

二人は命がけで救いにきた隊員にとりすがって、もうしばらく観測を続けさせてほしいと泣いて懇願したと伝えられています。

救援隊が二人を背負って下山していく様子は十二月二十六日付の『時事新報』で詳しく報じられました。そのなかから一つ紹介しておきましょう。

救援隊チームにいた勝又熊蔵は、その剛胆《ごうたん》ぶりから「鬼熊」と異名をもつ有名な荒ぶる強力でした。その鬼熊が、年若い満身創痍《まんしんそうい》の二人の使命感に触れ、あたり構わず号泣したといいます。

鬼熊は至を背負って下山しますが、背中の至に向かって「熊が付き居れば野中は殺さぬ」とごっつい声で呼びかけながら急坂を下って行ったと、伝えられています。

中途で断念したとはいえ、じつに八十二日間にも及ぶ観測生活でした。標高三七七六メートルの冬山での気象観測は世界でも初の快挙であり、諸外国の新聞にも報道されました。わが国の気象観測の歴史は、この壮挙《そうきょ》を始まりとしています。

夫妻は以後も本格的な観測所の設立を求めて再度の登頂を期しましたが、大正十二（一九二三）年、家族全員が流感に罹ったとき、千代子は病《やまい》をおして家族の看病にあたり、皆が快方に向かったのを見届けて力尽きます。享年《きょうねん》五十二歳でした。

千代子がいたからこそ

かつて野中至の偉業は、落合直文*や橋本英吉*などによって小説の形で取り上げられ、その作品は一世を風靡《ふうび》しました。ところが至本人は大して喜ばず、なにゆえか不満気の様子だったといいます。

その理由は、後年、夫妻の長男野中厚が明かしています。

落合直文
一八六一〜一九〇三。明治の歌人であり、国文学者。与謝野鉄幹などを育てた。

橋本英吉
一八九八〜一九七八。福岡県出身の小説家。労働運動にも参画。

「父に褒章《ほうしょう》の話がありました。……父はもしくださるならば、千代子とともに戴《いただ》きたい。あの仕事は、私一人でやったのではなく千代子と二人でやったものですと云って、結局、その栄誉は受けずに終わったことがありました」

これは小説についても同様だったと思われます。落合や橋本の作品は、千代子も登場はするものの、至の偉業に花を添える程度にしか位置づけられていません。

いやいや違うのだ、山頂で観測し始めてからは、むしろ千代子に鼓舞《こぶ》されてあの難事業は進められたのだ、至はそう思っていたはずです。

富士山気象観測は千代子を得て実現したのだ。なぜそれが分からないのかというもどかしい思いがあったに違いありません。

筆者は平成十二（二〇〇〇）年の晩夏、東京都文京区にある護国寺を訪ねたことがあります。長い石段を登ると、境内の墓地に夫妻のお墓があり、傍《かたわ》らには富士山頂で寄り添う二人のレリーフが建っていました。

お墓を清め白菊を捧げて拝礼していると、名残を惜しむかのように鳴きしきっていた蝉《せみ》の声が今も耳に残っています。

【関連年表】

慶応三年　野中至、博多に生まれる
明治四年　千代子、博多に生まれる
明治二十二年　至、大学予備門退学
明治二十四年　結婚。至は気象学の道へ進む
明治二十八年　十月、単身で厳冬期富士山気象観測開始。二週間後、千代子が登頂、二人で観測を継続。十二月末、救援隊に救助されて下山
明治二十九年　落合直文の『高嶺の雪』が刊行され、全国民に知られる
大正十二年　千代子、死去。享年五十二歳
昭和三十年　至、死去。享年八十七歳

第八話

シベリアの凍土にさまよう孤児を救え

――ポーランドの子供を救出した心優しき日本人

危機に瀕したシベリア孤児

今から二百年以上前の寛政七（一七九五）年のことです。東ヨーロッパに位置するポーランド*は、ロシア、オーストリア、プロイセン（のちのドイツ）の三国によって国土のすべてが奪われるという悲劇に遭《あ》いました。

このとき以来、勇敢なポーランド人は独立運動を繰り広げます。しかし、そのたびに逮捕され、マイナス四十度という酷寒の地シベリア*に流刑《るけい》となりました。

こうした苦難の時代が百二十年ほど続いた大正七（一九一八）年末、独立のチャンスが到来します。第一次世界大戦が終わり、ドイツは完敗、ロシアは戦争中に起きた革命によっ

ポーランド分割
十八世紀後半、ロシア・オーストリア・プロイセンがポーランドを三次におよんで分割し滅亡させた事件。

シベリア
ユーラシア大陸の北部に位置し、ウラル山脈からベーリング海におよぶロシア連邦の広大な地域。永久凍土帯が広く分布している。

て国がすっかり変わってしまったからです。この機を逃すことなく、ポーランドはただちに独立を宣言しました。

ところが、＊ロシア革命の嵐に巻き込まれたシベリアのポーランド人は赤軍に追われ、難民となります。祖国に帰るためのたった一つの手段だった＊シベリア鉄道への乗車を拒否されたうえに、飢餓《きが》や伝染病が広がり、各地には親を亡くした孤児たちが出てきました。

この事態に直面した＊ウラジオストック在住のポーランドの若者たちは、せめて孤児たちだけでも救おうと「救済委員会」を結成します。会長にアンナ・ビェルキェヴィッチ、副会長にはヤクブケヴィッチが就任して、さっそく救援活動にとりかかりました。

ヤクブケヴィッチらがシベリアの奥地で、山小屋に身を隠

ロシア革命
一九一七年にロシアで起きた社会主義革命。この革命でロマノフ朝は倒れ、ソビエト政権が成立した。赤軍は翌年に編成されたソ連の正規軍。

シベリア鉄道
一九一六年、シベリア南部を東西に横断する鉄道として完成。ウラジオストックからモスクワまでを結ぶ。

ウラジオストック
ロシア南東の日本海に面する都市で、シベリア鉄道の終点にあたる。

していたポーランド人母子を見つけ出したとき、母親はわが子だけでも救ってほしいと訴えたそうです。

彼はその別れのシーンをこのように記録に残しています。

「息子を我々にたくす母親は、粗末《そまつ》なテーブルに洗いざらしのクロスをしき、マリア像をそっと置いて祈りを捧げた。祖国を知らず、また満足な母国語も喋《しゃべ》れない息子を前において、『お前は祖国独立のために闘った祖父や父の息子なのだ』と噛《か》んでふくめるようにさとしていた。それはあたかも息子に蜂起者《ほうきしゃ》の魂を植えつけているように、私には聞こえた……」

わが子との今生《こんじょう》の別れに、「お前は祖国独立のために闘った祖父や父の息子なのだ」と語り伝えようとする母の姿、それは悲しくも貴い光景です。

繰り広げられた献身的な救出活動

こうして、救済委員会のメンバーは子供たちをウラジオストックに保護します。しかし、シベリアの原野にはまだ数多くの孤児が放置されたままでした。

各国にも救済を求めたものの、よい返事は返ってきません。万策尽きたアンナは、海を隔てたわが国に最後の望みを託し、大正九（一九二〇）年六月十八日に来日しました。

東京の外務省に出向いた彼女は嘆願書を差し出し、

「我々は祖国から離ればなれになり、いまだ何の助けも得られません。このまま冬が来ると、子供たちの命が奪われることは明らかです。*子供を花のように愛する日本が、彼らの命を戦争の不幸から救ってくださるよう、私は切に願っています」

と、切迫した事態を伝えました。

彼女の訴えを聞いて胸を打たれたわが国の外務省は、わずか十六日間で救出の手助けを決定します。このときにアンナに応対した外務省高官は*武者小路公共《むしゃのこうじきんとも》でした。

外務省から依頼を受けた*日本赤十字社は、ただちに救援活動に入りました。当時*シベリア出兵中だった日本陸軍の兵士たちも孤児救出に協力しています。七月二十二日には救出した孤児五十六名をウラジオストックから船で福井県の敦賀《つるが》に運び、東京で保護しました。

子供を花のように愛する日本
わが国では女の子に、百合子やさくら、すみれなどのように花にちなんだ名前をつける慣習があることから、このように見られていたと思われる。

武者小路公共
一八八二～一九六二。外交官。駐トルコ大使や駐ドイツ大使などをつとめた。武者小路実篤の兄。

日本赤十字社
明治二十年に医療や救護、社会事業などを目的として発足した民間最終的には一歳から十六歳の孤児七百六十五名を救出、うち三百七十五名を東京、三百九十名を大阪で保護して治療にあたっています。

この孤児たちのなかには腸チフスを発症している幼子も混じっていました。容態は重く手遅れに近い病状でしたが、二十一歳の看護婦がつきっきりで看病しました。

しばらく経って、この子に奇跡的な快復の兆しが現れたのを見届けて、彼女は倒れました。この子が死ぬのならせめて自分の胸で死なせてやろうと夜も抱いて寝ていたため、みずからが腸チフスに感染していたのです。

この女性は日本赤十字社神奈川県支部の看護婦で、救援チームに進んで参加した松沢フミという方です。新潟出身の彼女はみずからの命を捧げて幼子の孤児を救ったのです。

組織。

シベリア出兵
大正七年、ロシア革命の干渉を目的として、チェコ軍救出を名目に欧米各国とともにわが国もシベリアに出兵した事件。

このように、大正時代の日本人は異国の孤児たちのために献身的な看護を続け、七百六十五名を一人として死なせはしませんでした。

「我々は恩を忘れない」

やがて健康を取り戻した孤児たちは、祖国ポーランドに送り届けられることになりました。

第一陣の五十名ほどの孤児が横浜港から発つ日のことです。子供たちは見送りの人々にしがみついて離れたくないと泣き叫んだといいます。世話をしてくれた日本人は、幼子たちにとって父や母のような存在になっていたからでしょう。

見送る多くの日本人は子供たちに向かって、「君たちは元

気で勉強に励み、大きくなったら偉大な祖国再建のために役立つような人になるんだよ」と切々と励ましました。

これに対して、孤児たちは感謝を込めて国歌「君が代」を歌い出したそうです。滞在中にならい覚えたのでしょう、幼い彼らが涙して歌う「君が代」のしらべが埠頭《ふとう》に流れました。

大正十一(一九二二)年、孤児たちの帰国を受け、救済委員会のヤクブケヴィッチ副会長が感謝の手紙を送ってきました。

こんな文面です。

「わが不運なるポーランドの児童にかくも深く同情を寄せ、心より*憐憫《れんびん》の情を表してくれた以上、我々ポーランド人は肝に銘じてその恩を忘れることはない。

……ポーランド国民もまた*高尚《こうしょう》な国民であるが故に、我々

憐憫の情
かわいそうに思う心、思いやりの心。

高尚な国民
けだかくて立派な国民。

はいつまでも恩を忘れない国民であることを日本人に告げたい。……ここに、ポーランド国民は日本に対し、最も深い尊敬、最も深い感恩、最も温かき友情、愛情をもっていることをお伝えしたい」

一方、無事帰国した子供たちはたくましく成長しました。彼らのなかには医者や教師、福祉事業家、法律家など、公のために尽くす職業を志した者が多かったと伝えられています。

その一人、イエジ・ストシャウコフスキは、後に孤児院の院長に就任して福祉事業に尽くすとともに、日本との友好を深める「極東青年会」*を結成し、会長として活躍しています。

その後、昭和十四（一九三九）年にナチスドイツ軍によるポーランド侵攻によって第二次世界大戦が始まった際、イエ

極東青年会
一九二八年、わが国に救出され、祖国に帰って成長したイエジ・ストシャウコフスキ青年が結成した日本とポーランドの友好を推進する組織。

ジを中心に編成された少年兵部隊「イエジキ部隊」が祖国防衛の先頭に立ちました。

昭和十九（一九四四）年八月一日には、再びナチスの支配に対してワルシャワ市民が立ち上がります。有名な「ワルシャワ蜂起《ほうき》」です。イエジキ部隊はこのときも奮戦しました。

第二次世界大戦下を辛《かろ》うじて生き残ったイエジは、七十六歳を迎えた昭和五十八（一九八三）年、長年の感謝を述べるため来日しています。彼は日本を「第二の祖国」と呼ぶほど、わが国を愛してくれていました。

ワルシャワ蜂起 第二次世界大戦下の一九四四年八月、ナチスドイツの支配に対してポーランドのワルシャワ市民が起こした戦い。

ポーランド孤児の恩返し

ところで、ポーランドとわが国との関係はこれで終わったわけではありません。

平成七（一九九五）年一月に阪神淡路大震災*が発生したとき、ポーランドはいち早く救援活動に入りました。しかも同年八月には、痛手を負った日本の被災児たちを一か月近く招待し、ワルシャワをはじめとする各地に歓迎し、心からの激励をしました。

被災児のなかには肉親を亡くした児童たちもいましたが、慈愛あふれる接待を受けています。そして被災児とのお別れパーティが開かれたときには、かつてのポーランド孤児の方々が地方から駆けつけて来たのです。

すでに八十歳を超えるこの人たちは、日本の被災児にバラの花を一輪ずつ手渡し、心から激励してくれたそうです。

その様子については、当時ポーランド大使を務め、この場

阪神淡路大震災
平成七年一月、兵庫県南部で発生した大地震による甚大な震災。

面に立ち会われた兵藤長雄氏の著書『善意の架け橋』（文藝春秋社）に詳しく紹介されています。

かつてヤクブケヴィッチが手紙のなかに「いつまでも恩を忘れない」と記した通り、七百六十五名の孤児の命を助けた大正日本人の貴い行為に対して、平成日本の被災児にその恩を返すことで、ポーランドは約束を果たしたのです。

両陛下とシベリア孤児との対面

平成十四（二〇〇二）年七月、天皇・皇后両陛下が東ヨーロッパをご訪問、ポーランドにも立ち寄られました。*

ポーランド国民の歓迎のなか、両陛下にどうしてもお会いしたいと三人のお年寄りが申し出ました。大正時代に日本が

両陛下の東欧ご訪問　平成十四年七月、天皇皇后両陛下は東欧諸国を親善訪問され、ポーランドでは大歓迎を受けられた。

救った孤児の方たちでした。

両陛下はワルシャワでこの三人と対面されています。このとき、アントニーナ・リロさんという八十六歳のお年寄りは、皇后陛下の手を握ったまま離そうとはしませんでした。

じつは八十年前、日本で治療を受けていた自分を訪ねてきて、元気になるように抱いて励ましてくれた方がいたのです。その方こそ大正天皇の皇后であられた*貞明《ていめい》皇后でした。

人生の晩年に至ってようやく、日本の皇室に感謝を伝える機会を得られた喜びを満面に浮かべたリロさんの表情は、テレビにも映し出されていました。

ヤクブケヴィッチが手紙に綴《つづ》ったように、私たちもポーランドや先輩の大正日本人にならって「高尚な国民」となるように努めたいものです。

貞明皇后
一八八四～一九五一。大正天皇の皇后で、昭和天皇の母宮。とくに養蚕やハンセン病救済などの慈善事業に熱心に取り組まれたことで有名。

【関連年表】

一七九五年　ポーランド分割によって国土消滅、多くの独立運動家たちはシベリアに流刑

一九〇五年　日露戦争終結。日本の勝利はポーランド人に勇気を与える

一九一八年　第一次世界大戦終結。ポーランドは独立を宣言するが、シベリアでは難民が発生、多くの孤児が出現する

一九一九年　孤児救済委員会を組織

一九二〇年　救済委員会のアンナ・ビェルキェヴィッチが日本の外務省を訪問、孤児救済を嘆願。わが国は救援活動を展開

一九二八年　帰国した孤児たちが極東青年会を結成。会長にイエジ・ストシャウコフスキ

一九三九年　ドイツのポーランド侵攻によって第二次世界大戦勃発。

イエジ会長は少年兵のイエジキ部隊を率いてナチスと戦う

一九四四年　ワルシャワ蜂起

一九九五年　阪神淡路大震災発生。日本の被災児をポーランドに招いて激励

二〇〇二年　天皇皇后両陛下、ポーランドご訪問。かつてのシベリア孤児三名と対面

第九話

硫黄島決戦に散った武人の歌と心

――何のために貴い命を捧げるのか

硫黄島守備隊の死闘

クリント・イーストウッド監督の映画「父親たちの星条旗」「硫黄島からの手紙」の二部作が話題をさらったのは、平成十八（二〇〇六）年のことでした。日米双方の視点から描いたといわれるこの作品は、昭和二十（一九四五）年三月二十六日に玉砕《ぎょくさい》した硫黄島*守備隊と米軍との死闘を描いたものです。

この史上空前の死闘を繰り広げた硫黄島決戦の指揮官の一人に、市丸利之助《いちまるりのすけ》海軍少将がいました。ここでは、その面影《おもかげ》を紹介し、英霊への哀悼《あいとう》にかえたいと思うのです。

時は昭和十九（一九四四）年七月、サイパン玉砕にさかの

硫黄島
小笠原諸島の南西部に浮かぶ島。戦後、アメリカの施政権下にあったが、昭和四十三年に復帰し、東京都に編入。

ぼります。このとき以降、米軍は本格的に日本本土の爆撃《ばくげき》に乗り出します。

ところが、サイパンからでは爆撃機B29を守る護衛機は往復燃料がもちません。燃料を補給せずに日本本土を縦横無尽《じゅうおうむじん》に爆撃するには、硫黄島の確保が必須でした。これが、米軍が硫黄島奪取を企《くわだ》てた背景にほかなりません。

こうした戦略を立ててくるだろうことは、日本側としても当然予想していました。かくて、十代の少年兵を含む二万一千名の硫黄島守備隊の男たちが絶海《ぜっかい》の孤島《ことう》に結集し、*栗林《くりばやし》忠道《ただみち》陸軍中将と市丸を中心に、米軍が三日で占領可能とした硫黄島を三十六日に及んで守り続けたのです。

小笠原諸島の南西部に浮かぶ硫黄島は、擂鉢山《すりばちやま》を除けば身

栗林忠道
一八九一〜一九四五。陸軍きっての国際通として知られた軍人。硫黄島守備隊の司令官として戦死。

を隠す場所すらない真っ平らな岩盤の島です。

ここに、栗林中将は戦史上類例を見ない作戦をとります。名づけて「もぐら作戦」。距離にして全長およそ二十八キロ、地中に網の目のように地下壕《ごう》を張りめぐらし、米軍の来襲に備えたのです。

地下は摂氏五十度近い炎熱地獄、硫黄《いおう》のガスが充満する漆《しっ》黒《こく》の闇でした。こうした想像を絶する逆境に耐え、島の地形が変わるほどの砲撃を浴びながらも、鬼神《きしん》をも哭《な》かしむる奮戦を続けたのは何のためだったのでしょうか。

予科練部長時代の教育

市丸は、明治二十四(一八九一)年、佐賀県唐津市に生まれ育ちました。唐津中学を卒業後に海軍兵学校へ入学、その後は航空隊に進み、戦闘機乗りとして勇名を馳《は》せますが、大正十五（一九二六）年に墜落事故に遭い、長期の入院加療の身となります。

一時は退役を申し出ますが、海軍省はこの逸材《いつざい》を惜《お》しみ、昭和五（一九三〇）年創設の予科練初代部長の地位を用意したのです。予科練とは海軍飛行予科練習生の略称で、横須賀航空隊内に併設された少年航空兵の育成機関です。

こうして、昭和八（一九三三）年まで十代半ばの少年たちの教育責任者として任務にあたることになりました。印象深いエピソードを挙げておきましょう。

じつは市丸は与謝野《よさの》鉄幹*・晶子*が主宰する歌誌『冬柏《とうはく》』の同人でもあり、練習生たちに歌を詠《よ》むことを教えました。心

与謝野鉄幹
一八七三〜一九三五。本名は寛。妻晶子とともに歌人として活躍。

与謝野晶子
一八七八〜一九四二。歌人。その情熱的な作風は一時代を画した。古典の研究も名高い。

にしみた体験を三十一文字に表現する修練は、十四歳の練習生にこういう歌を詠むほどの豊かな感性を育てています。

人は皆日課《にっか》のことなど尋《たず》ぬるに
　母のみは問《と》ふ寒《さむ》くはなきかと

初めての年末休暇で郷里の佐賀に帰省した富原辰一少年の歌です。郷里の人々はあれこれと予科練生活の様子を聞いたことでしょう。少年はその一々に元気よく応じたはずです。しかし、いちばん会いたかった母がまず尋ねたのは、「辰一、向こうは寒くはないかい」と案じる言葉でした。この一言に富原少年は母の深い愛情をつくづくと感じたのです。その思いを歌に刻みました。十代の少年が母に捧《ささ》げた絶唱《ぜっしょう》です。

市丸は飛行技術だけを教えたのではありません。歌を通じて人としての心の豊かさ、肉親の情に感応、共感できる真の男子を育てたのです。こうした母子に相通《あいかよ》う情の世界、これこそ苦難の日本を肩にになった勇気の源泉だったのです。

血の一滴まで捧げ尽くした硫黄島守備隊の勇士たちも同じ思いだったに違いありません。誰よりも自分の身の上を気づかってくれる母、その母が生きる祖国日本を守り抜こうとしての勇躍奮戦《ゆうやくふんせん》だったのだと、筆者は思うのです。

歌人としての面影

では市丸はどんな短歌を詠んだ武人だったのでしょうか。

戦地から『冬柏』に送り続けた歌のいくつかを拾《ひろ》ってみま

しょう。次に挙げるのは、昭和十九（一九四四）年八月、硫黄島守備隊の司令官として赴《おもむ》く際に伊勢神宮*に参拝、その後、木更津《きさらづ》基地から飛び発《た》った折に詠んだ歌です。

三征《さんせい》の命《みこと》をかしこみ神風《かみかぜ》の
　伊勢に詣《もう》でて出《い》で立《た》つわれは

この度《たび》はかへらじと思ひ神路山《かみじやま》
　内外の宮居《みやい》をがむかしこさ

既《すで》にして富士ははるかに遠《とお》ざかり
　機《き》は一文字南の島

伊勢神宮　三重県伊勢市に位置。皇大神宮と豊受大神宮との総称。

着任した硫黄島には、零戦《ぜろせん》などの戦闘機は併《あわ》せて十五機しかありませんでした。翌二十（一九四五）年を迎えると、マリアナ諸島からの米軍の来襲によって、ほとんど壊滅させられています。

戦闘機で敵を迎撃《げいげき》することが叶《かな》わない以上、襲来のたびに炎熱の地下壕に身を隠さねばなりません。唯一の飲み水は雨水を溜《た》めるしかない硫黄島では、*スコールは最も待ち遠しいものでした。

スコオルは命の水ぞ雲を待つ島の
　心を余人《よじん》は知らじ

この一首は硫黄島から連絡便に託され、『冬柏』昭和二十

スコール　熱帯地方特有のにわか雨。

（一九四五）年二月号に収録された最期の歌です。部下将兵がいかなる艱難辛苦《かんなんしんく》のなかで硫黄島を守ろうとしたのか、今生《こんじょう》の別れに内地の同胞に発信した悲しくも貴い一首です。

平成六（一九九四）年、両陛下は硫黄島戦死者の慰霊に赴かれました。このとき、皇后陛下は市丸の思いを汲《く》まれたのでしょう、次に掲げる御歌一首を捧げられました。

慰霊地は今安らかに水をたたふ
　如何《いか》ばかり君ら水を欲《ほ》りけむ

硫黄島の市丸はこんな望郷の歌も詠んでいます。唐津市柏崎にある神社の境内に建つ歌碑に刻まれている一首です。

夢遠し身は故郷の村人に
　酒勧められ囲まれてあり

また南方戦線で戦っていた折、夢路に若き日の妻の姿が現れる。よほど心に焼きついたのでしょう、筆をとって歌を書きつけました。

化粧《けはい》して娘盛りのわが妻が
　人込《ひとごみ》をゆく夢も見しかな

武人の内面に泉のごとく湧き上がった、妻に寄せる恩愛の慕情です。

ルーズベルトへの手紙執筆

いうまでもなく、硫黄島決戦は日米双方にとって最大級の激戦となったいくさです。その一か月余に及ぶ戦闘の最中、玉砕を覚悟した市丸は、思うところあって敵国のフランクリン・ルーズベルト大統領にあてて筆をとります。

認《したた》めたのは日英両文二通、これを通信参謀が腹に巻いて最期の突撃を敢行して敵弾に倒れます。その遺体から発見された手紙を、米軍側はもち帰ったといいます。

のち、交戦中だったにもかかわらず米国本土ではその文面が新聞で報じられることになりました。この手紙は、現在、アナポリスの海軍兵学校*の博物館に大事に保管されています。

アナポリス海軍兵学校 アメリカ合衆国のメリーランド州アナポリスにある海軍士官養成学校。

市丸はこう書き出しています。

「日本海軍、市丸海軍少将、書ヲ『フランクリン ルーズベルト君』ニ致ス。我今、我ガ戦ヒヲ終ルニ当リ、一言貴下ニ告グル所アラントス」

市丸にとって間もなく終わろうとする「我ガ戦ヒ」とは何であったのか、その一点に集中して言葉を紡《つむ》ぎ出して行くのです。

その筆は、日米関係のみならず、ヨーロッパ戦線の状況、スターリン*との共同という思いもよらぬ選択に乗り出した米国の外交政策にも疑惑と批判の矛先《ほこさき》を向けます。

自由主義を掲げる国が、なりふり構《かま》わず相容《あいい》れぬはずの共

スターリン
一八七九〜一九五三。ソ連共産党の指導者。一国社会主義のもと独裁体制をとり、厖大な党員を投獄、処刑する大量粛清を行った。

産主義勢力と手を組む。この奇妙な構図がいずれ破綻《はたん》するのは目に見えていると、厳しく糾弾《きゅうだん》しています。

手紙は次のような文面で結ばれています。

「卿等《けいら》今、世界制覇《せいは》ノ野望一応将《まさ》ニ成《な》ラントス。卿等ノ得意思フベシ。然《しか》レドモ、君ガ先輩『ウイルソン』大統領ハ其ノ得意ノ絶頂ニ於《お》テ失脚セリ。願《ねが》クバ本職言外ノ意ヲ汲《く》ンデ其ノ轍《てつ》ヲ踏ム勿《なか》レ」

第一次世界大戦終結時、国際連盟の結成を呼びかけた民主党のウィルソン大統領は共和党に敗れ退陣。結果、提唱国でありながら国際連盟に加盟できませんでした。この故事を引き、驕《おご》れる者の内部に潜《ひそ》む「盛者必衰《じょうしゃひっすい》」の理《ことわり》を説き、猛省《もうせい》

を促《うなが》しているのです。

市丸は手紙を書き終えた後、地下壕で部下一同に全文を読んで聞かせたといいます。わずかな生存者の一人である松本巌《いわお》上等兵曹が遺族にあてた戦死報告に次のように証言しています。

「三月十六日、市丸司令官は、ローソクの光がゆらぐ壕内《ごうない》作戦室に司令部員を集め最後の訓示をされました。ここで、『ルーズベルトに与える』抗議書を読まれました。終わって壇上の司令官に全員は最後の挙手の礼をして、あと防備参謀の指示により、四つの小隊に区分されました」

市丸司令官は、我々は何のために貴い命を捧げるのか、その意味するところを説いていたのです。一同は心底同感したことでしょう。挙手の礼で市丸に応じた姿が目に見えるようです。

【関連年表】

明治二十四年　市丸利之助、佐賀県唐津市柏崎に生まれる
明治四十三年　唐津中学校を卒業し、江田島の海軍兵学校に入学
大正二年　海軍兵学校卒業。パイロットの道を選択
大正十五年　海軍少佐。霞ヶ浦航空隊で墜落事故。長期治療に入る
昭和五年　予科練の初代部長に任命される
昭和八年　海軍中佐。十一月、佐世保航空隊副長として転任
昭和十七年　海軍少将。九月、第二十一航空戦隊司令官として南方戦線に向かう
昭和十九年　八月、第二十七航空戦隊司令官として硫黄島に赴任
昭和二十年　二月十六日、硫黄島決戦始まる。三月二十六日、日本軍による最後の突撃の後、米軍は市丸書簡を発見

第十話

樹齢四百五十年の「荘川桜」移植秘話

――戦後復興の歴史に刻まれた奇跡の偉業

御母衣ダムをめぐる激しい闘争

最後に、苦難の道を歩んだ昭和の戦後史に刻まれている偉業の一つを紹介しましょう。

敗戦以来、祖国再建のため懸命の努力を続けていた政府は、昭和二十七（一九五二）年を迎えると、広範囲に及ぶ電力供給を可能とすべく電源開発株式会社を創設し、水力発電のためのダム設計にとりかかりました。*佐久間ダムと*御母衣《みぼろ》ダムの建設です。

電源開発の初代総裁には、*高碕達之助《たかさきたつのすけ》が就任しました。東洋製罐《せいかん》株式会社の創設者であり、戦前は請《こ》われて満州重工業開発株式会社総裁として手腕を振るった実業界の傑物《けつぶつ》です。

佐久間ダム
静岡県の天龍川中流に築かれた発電用ダム。

御母衣ダム
岐阜県の庄川上流に築かれた発電用のロックフィル・ダム。

高碕達之助
一八八五～一九六四。東洋製罐を創設した実業家。戦前は満州重工業の総裁、戦後は通産大臣なども務めた。

御母衣ダム建設の一件が政府によって公表されたのが同年十月十八日、この寝耳に水の報道を知った、ダム建設予定地区に決まった岐阜県大野郡荘川《しょうかわ》村は騒然となりました。ダムの底に水没することになるわけですから当然です。

翌二十八（一九五三）年一月には地元住民によって「御母衣ダム絶対反対期成同盟死守会」が結成され、以後七年間にわたって激しい闘争が繰《く》り広げられることになります。戦後復興の陰には、このように、国土開発を推進する側と、故郷を守ろうとする住民とのあいだにしばしば凄絶《せいぜつ》な対立が生じました。その象徴が岐阜県の御母衣ダム建設をめぐる七年に及ぶ紛争です。

しかし、地元民は大局的立場からダム建設を受け入れることになり、昭和三十四（一九五九）年十一月に死守会は解散式を迎えます。

ところが地元住民は、その辛《つら》い式典の席に憎んでも憎みきれないはずの高碕を招待したのです。どうして死守会は高碕を招いたのでしょうか。

じつは高碕は、地元民との交渉に際してみずから膝を交え対話に努めた稀有《けう》な総裁でした。書面でのやりとりも肉筆で書き送ったといいます。故郷が水没する地元民の嘆きを痛いほど感じていたからにほかなりません。

ですから、地元民もしだいにその誠実な人柄に惹《ひ》かれていったのでしょう。こうして芽生えた絆《きずな》が、戦後復興の底流に実在する事実は記憶されてしかるべきです。

「この桜を救いたい」という純粋な思い

さて、解散式ののち、高碕は死守会幹部の案内で水没予定の荘川村を見て回ることにしました。光輪寺という寺の境内に立ち寄ったときのことです。老いた巨大なアズマヒガン*の桜の樹を目の当たりにして息を呑《の》みました。

そのときの心境を、昭和三十七（一九六二）年八月号の『文藝春秋』に綴《つづ》った「湖底の桜」のなかで高碕はこう明かしています。

「私の脳裡《のうり》には、この巨樹が水を満々とたたえた青い湖底に、さみしく揺《ゆ》らいでいる姿が、はっきりと見えた。この桜を救

アズマヒガン　桜の一種で、時に二十メートルもの大木となる。本州以南に自生する。

いたいという気持ちが、胸の奥のほうから湧《わ》き上ってくるのを、私は抑えきれなかった。……進歩の名のもとに古き姿は次第に失われていく。だが人力で救える限りのものはなんとかして残しておきたい。古きものは古きが故に尊い」

帰京した高碕は、早々に著名な植物学者らに相談を持ち込んだものの、樹齢四百五十年は経つと思われる老桜の移植など世界にも例がなく、断られてしまいます。万策尽きたと思ったとき、高碕の脳裡に浮かんだのが神戸に住む「桜の博士」の異名を持つ在野の人、*笹部《ささべ》新太郎の存在でした。

笹部は、昭和五十三（一九七八）年に九十一歳で天寿を全《まっと》うするまで山桜をこよなく愛し、その保護と啓発に生涯を捧げた異色の人物です。彼の業績は多岐《たき》に及んでおり、昭

笹部新太郎
一八八七～一九七八。大阪市生まれ。東京帝国大学法科大学卒業後、宝塚市武田尾に桜の演習林「亦楽山荘」を造園し、生涯を山桜の復興に捧げ、「桜の博士」とうたわれる。九十一歳で死去。

和十六（一九四二）年に奈良県の依頼で橿原《かしはら》街道沿い十五キロにわたって山桜を植樹したことなども、その一例です。水上勉《みずかみつとむ》の小説『桜守《さくらもり》』はこの笹部をモデルに描かれています。

ただちに高碕は笹部を訪問、移植の仕事を懇願します。当時七十三歳の笹部はその熱意に押され、ついに引き受けました。現地調査に赴《おもむ》いた笹部はもう一本の同様の老桜を発見、併せて二本の桜移植にあたることになります。

必要な経費や工事一式は電源開発が請《う》け負ってくれました。それればかりではありません。御母衣ダム建設に携《たずさ》わっていた間組《はざまぐみ》関係者も援助の手を差し伸べます。さらに、愛知県豊橋市からは日本一の庭師とうたわれた丹羽《にわ》政光棟梁《とうりょう》が手伝わせてほしいと馳《は》せ参じてきたのです。

こうして、未曾有《みぞう》の老桜移植の一大工事が晩秋の昭和三十五（一九六〇）年十一月十五日に開始されます。

晩秋から初冬にかけて行われた難工事

移植工事は難航を極めたと伝えられています。もとの場所から山腹の道路の脇まで、距離にしておよそ一キロを移動しなければなりません。そのためにはどうしても枝や根を切り落とさなくてはなりません。根は百メートルもの長さに達していたのです。

丹羽棟梁はやむなく切ろうとする、笹部博士はできるだけ切らせまいとする。当代きっての達人同士のあいだに激しい火花が散ったこともあったそうです。

こうして一進一退を繰り返しながらも難工事は進捗《しんちょく》して

行きました。枝も根もすっかり切られた桜はそれでも四十トン近くもありましたから、特別に製作した巨大な鉄製の橇《そり》に乗せ、ブルドーザー三台で引き上げました。

新たな場所に植樹する際は、クレーン車に吊《つる》して植え込んでいます。ひとまずの工事が終了したのは、世間がクリスマス・イブを楽しんでいた十二月二十四日のことでした。

彼らは老桜を生かすことで荘川村の人々が故郷を偲《しの》ぶよすがにしてほしいとの思いから、このプロジェクトに集まり、精魂を込めて工事をやり遂げたのです。

しかし、春が到来しても枝先には何の変化も現れませんでした。開花の時期はとうに過ぎ去り、関係者の誰もが諦めてしまいました。

そんなある日、覆《おお》われた菰《こも》の間から新芽が顔をのぞかせていました。なんと老桜は枯れることなく、再び根をつけていたのです。故郷を去った地元民やプロジェクトに参加した人たちは歓喜《かんき》に湧きました。

高碕は満開の花をつけてほしいとの願いを込めて和歌一首を捧げています。

ふるさとは湖底《みなそこ》となりつうつし来し
　この老桜《おいざくら》咲けとこしへに

数年後、荘川桜と名づけられた二本の老桜は満開の花を咲かせますが、その見事な光景を見ることなく高碕も丹羽も亡くなりました。もと通りに甦《よみがえ》った荘川桜を見届けたのは笹部新太郎一人です。

以来、およそ五十年の歳月が流れました。荘川桜は樹齢を五百年に延《の》ばし、今も毎年五月上旬には満開の花をつけ我々を堪能《たんのう》させてくれています。

移植の灯を継ぐ男の出現

さて、桜を守り抜いたプロジェクトは終わったかに見えましたが、新たに桜の植樹を継《つ》ぐ一人の男が出現します。当時、日本一長いバス路線（名古屋から金沢に至る名金路線）に乗務していた国鉄バス車掌《しゃしょう》の佐藤良二がその人です。

じつは佐藤は荘川桜の移植作業をバスの窓から見続けていた一人でした。しかもその一部始終をカメラに納《おさ》め、固唾《かたず》を呑んで開花を待ち続けていたのです。じつは荘川桜が新芽を出した瞬間を発見したのは佐藤良二でした。

当時、勤務に励むとともに「人の役に立つ生き方」を模索《もさく》していた三十二歳の彼に、荘川桜の移植成功は発奮《はっぷん》を促しました。そして、みずからが乗車する路線のバス停ごとに桜の苗木《なえぎ》を植えようと思い立つのです。

最初の植樹は昭和四十一（一九六六）年春に始まります。佐藤はまず、名古屋営業所の入り口に一本目の苗木を植えました。このときから数えて十二年後、四十七歳で病死するまでに二千本もの植樹を達成しています。途中ガンで入院した時期もありましたが、退院後は植樹を再開します。

台風情報が入ればオートバイで苗木を見回り支柱を補強、厳しい冬が到来すると、菰をかぶせて寒風から苗木を守る。また除雪車に傷つけられないように、枝の先に赤い布を目印として結《ゆ》わえたといいます。そうした彼の様子を地元に住む一人は、このように証言しています。

「あの方は本当に路線を愛してましたな。へんくつなところは一つもなく朗らかな人でしてね。屋根まで積もる大雪で折れてもそれにも負けず、桜の苗木を黙々と根気よく植えなさる姿に頭が下がりました」

植樹活動の途中、昭和四十五（一九七〇）年に佐藤は笹部を訪問、これを機会に荘川桜の実生《みしょう》*の苗木を育てるべく挑戦し始めます。失敗と挫折《ざせつ》は六年に及びますが、昭和五十一（一九七六）年四月十二日、ついに彼の情熱は荘川桜の実生を発芽させせます。

このとき、病床にあった笹部に喜びと感謝を込めて、

実生
草や木が種子から芽を出して生長すること。

「……先生のお手植えの桜からこぼれ落ちた種を拾《ひろ》い、土に埋《う》めたところ二百粒《つぶ》の種子から現在、四十粒ほどが芽を出し、立派に成長を始めています。せっかく植えるのなら、永い歴史に残るものを、そんな立派な木を植えなさい、と先生に御教え頂いた言葉が身にしみていました。よって、神仏のお救いもあって先生の桜木よりいただいた種から見事に発芽《はつが》したのだ、と思います」

と書き送っています。

こうして命を繋《つな》いだ荘川桜の「子供桜」は、今年もまた親木の荘川桜と同様、満開の花を咲かすことでしょう。

歴史とは干《ひ》からびた知識の堆積《たいせき》ではありません。継承のこころざしに灯《ひ》をともす力となって初めて生命を宿すものなのです。

【関連年表】

昭和二十七年　政府出資の電源開発会社設立、初代総裁に高碕達之助が就任。十月、御母衣ダム建設が公表される

昭和二十八年　荘川村の人々は御母衣ダム絶対反対期成同盟死守会を結成し、以後ダム建設反対運動を展開

昭和三十四年　死守会解散式、高碕達之助を招待。このとき、高碕は村のシンボルの老桜を移植して救おうと決意

昭和三十五年　この年の晩秋初冬、高碕の依頼を受けた笹部新太郎や丹羽政光、間組関係者らが移植工事にあたる

昭和三十六年　五月、国鉄バス車掌の佐藤良二が移植成功を確認

●主な参考文献

第一話

坂本太郎等校注『日本書紀』（岩波文庫）

鶴久二郎編『増補 大伴部博麻』（今井書店）

夜久正雄『白村江の戦』（社団法人国民文化研究会）

第二話

杉村廣太郎編『濱口梧陵小傳』（かんがるー文庫）

『稲むら燃ゆ』（和歌山県広川町）

『津波略史と防災施設』（和歌山県有田郡広町役場）

『広川町誌』（広川町誌編纂委員会）

第三話

川路聖謨『長崎日記・下田日記』（東洋文庫）

ゴンチャローフ『日本渡航記』（雄松堂）

『へだ号の建造』（戸田村教育委員会）

第四話

大山恵佐『努力と信念の世界人 星一評伝』（大空社）

『化学経済』（化学工業日報）一九八六年五月号
『日独協会機関誌』（日独協会）二〇〇〇年四月号
『星薬科大学報』（星薬科大学広報委員会）昭和五十九年十月発行
第五話
内藤智秀『日土交渉史』（泉書院）
『日土親善永久の記念 土耳其國軍艦エルトグルル號』（土耳其國大使館）
森修『トルコ軍艦エルトゥールル号の遭難』（日本トルコ協会）
第六話
台湾教育会編『芝山巌誌』
篠原正巳『芝山巌事件の真相』（和鳴会）
上沼八郎『伊沢修二』（吉川弘文館）
第七話
野中至『富士案内』（平凡社）
新田次郎『芙蓉の人』（文春文庫）
明治ニュース事典（毎日コミュニケーションズ）

第八話

『日本赤十字社史続稿』（日本赤十字社）

『波蘭国児童救済事業』（日本赤十字社）

兵藤長雄『善意の架け橋』（文藝春秋社）

第九話

『冬柏』昭和十五年一月号～昭和二十年二月号

小笠原戦友会編『小笠原兵団の最後』（原書房）

倉町秋次『豫科練外史1』（豫科練外史刊行会）

平川祐弘『米国大統領への手紙』（新潮社）

ビル・D・ロス『硫黄島』（読売新聞社）

第十話

笹部新太郎『櫻男行状』（双流社）

『高碕達之助集』（東洋製罐株式会社）

『荘川村史』（岐阜県同編集委員会）

中村儀明『新訂版・さくら道』（風媒社）

水上勉『櫻守』（新潮文庫）

●初出一覧

第一話	「愛国」の由来	『致知』二〇〇九年一月号
第二話	「稲むらの火」の主人公	『致知』二〇〇九年七月号
第三話	海上に繋がった命のロープ	『致知』二〇〇九年九月号
第四話	ドイツ科学界を救った日本人	『致知』二〇〇九年八月号
第五話	遭難トルコ使節団の救出物語	『致知』二〇〇九年四月号
第六話	台湾の「松下村塾」	『致知』二〇〇九年十二月号
第七話	富士山頂八十二日間のドラマ	『致知』二〇〇九年十一月号
第八話	シベリアの凍土にさまよう孤児を救え	『致知』二〇〇九年三月号
第九話	硫黄島決戦に散った武人の歌と心	『致知』二〇〇九年十月号
第十話	樹齢四百五十年の「荘川桜」移植秘話	『致知』二〇〇九年二月号

著者略歴

占部賢志（うらべ・けんし）

昭和25年福岡県生まれ。九州大学大学院人間環境学府博士課程修了。福岡県の高校教諭を経て、中村学園大学教育学部教授。教職の傍ら、ＮＰＯ法人アジア太平洋こども会議イン福岡「世界にはばたく日本のこども大使育成塾」塾長、古典輪読会「太宰府斯道塾」塾長、一般財団法人日本教育推進財団顧問などを務める。著書に、『私の日本史教室』（明成社）、『子供に読み聞かせたい日本人の物語』（致知出版社）、『歴史の「いのち」』全２巻（モラロジー研究所）、『ＤＶＤシリーズ〈語り伝えたい日本人の物語〉』全４巻（明成社）、『立志の若者へ』（福岡城南ロータリークラブ）などがある。

語り継ぎたい　美しい日本人の物語

平成二十二年四月十六日第一刷発行
平成二十六年十二月二十五日第二刷発行

著者　占部　賢志
発行者　藤尾　秀昭
発行所　致知出版社
〒150-0001東京都渋谷区神宮前四の二十四の九
ＴＥＬ（〇三）三七九六―二一一一
印刷　㈱ディグ　製本　難波製本
落丁・乱丁はお取替え致します。（検印廃止）

ISBN978-4-88474-880-7 C0095
ホームページ　http://www.chichi.co.jp
Ｅメール　books@chichi.co.jp